張燦輝

香港中文大學哲學系及研究院畢業，德國佛萊堡大學哲學博士，香港中文大學哲學系退休教授及前系主任，中大通識教育前主任。現於國立清華大學通識教育中心任客座教授，主要研究現象學、愛情哲學、死亡及年老哲學、烏托邦思想。著有《海德格與胡塞爾現象學》、《悟死共生》、《存在之思》、《為人之學》、《生死愛欲，上，下篇》、《異域》、《我城存歿》、《山城滄桑》以及《Existential Questions》等專著。

有關攝相出版有 ———《Kairos: Phenomenology and Photography》、《Earthscape》、《Proximity and Distance》。

目錄

前言——夏慤村作為烏托邦

張燦輝

香港中文大學哲學系及研究院畢業，德國佛萊堡大學哲學博士，曾任香港中文大學哲學系教授及系主任，大學通識教育主任。二〇二〇年七月中香港國安法成立後，自知不容於港共極權政府，流亡到英國。二〇二三到二〇二四年出任臺灣國立清華大學客座教授。三年內出版了《我城存歿》與《山城滄桑》關於香港和中文大學的淪亡故事。

雨傘運動已是十年前的事，「愛與和平佔領中環」本來是初衷，但雙學的介入徹底改變運動方向：七十九天的夏慤村佔領是意料之外的「奇蹟」。

雨傘運動，不，是雨傘革命，改變了三子的原意，也改變了香港人的命運。從雨傘到反送中，香港人覺醒了，知道命運要在自己手中，民主自由需要我們去爭取。儘管最後我們失敗了，香港已死，淪陷為大陸沿海的城市。我們這批被迫離家外出的香港人，能不痛苦悲哀憤怒嗎？

「雨傘運動／革命」是重大課題，需要多方面的反省和研究。

這本文章相集《傘後拾年：夏愨村的未圓夢》計劃，緣起於東京大學在本年九月二十六日的雨傘十周年紀念會議中我的雨傘相片展覽，展出黑白相三十張，從我拙作《異域》選出來，本來沒有現時在臺灣出版的構想；但「一八四一」出版社諸編輯看後，覺得應該為雨傘十年做些有意思的回顧，是以建議這文章相片集。

雨傘運動時我拍了不少相片，但是沒有警民衝突的激情情況，沒有催淚彈煙霧，反以在夏愨村的「烏托邦」為主軸，顯現七十九天「愛與和平」的世界。香港歷史從未發生過，相信以後也不可能再出現。事實上，相比世界上其他類似運動，如「太陽花」二十三日或「佔領華爾街」六十三日；八九天安門廣場的佔領也只不過是四十九天！我們的「夏愨村」是絕無僅有的！

讓我們重溫那一段歷史：

二〇一四年九月二十八至十二月十五日，香港發生一場

讓愛與和平佔領中環
LOVE AND PEACE
OCCUPY CENTRAL WITH
PEACE

歷時七十九日的公民抗命運動——「雨傘革命」（Umbrella Revolution）。初時，數千高中及大學生罷課，抗議北京就二〇一七年行政長官選舉提名方法提出不公義的假「普選」方案，要求民主真普選。及至九月二十八日，香港警方施放八十七枚催淚彈，驅散數萬名示威者。但是，這並沒有成功。期後，學生帶領公民抗命，佔領香港市中心三個繁忙區域，包括：旺角、銅鑼灣及香港島中心干諾道。我在這裡不是評論該運動的社會及政治分析，而是在香港市中心佔領區域中的個人烏托邦體驗。

干諾道佔領區（後被稱為「夏慤村」）位於香港金融中心核心地帶，延伸超過兩公里。就在政府總部辦公室包圍的這個區域裡，原本阻擋警方清場的零星路障，慢慢出現露營帳篷和帳棚，最後演變為五臟俱全的小村莊。有統計指，當時在該區出現超過一千九百個帳篷，分布在干諾道中、夏慤道、添美道、立法會前，及添馬公園。這些地方的交通一般極為繁忙，每分鐘上千交通工具往來，事實上不可能有任何行人的，當時卻有無數的人在夏慤村內熙來攘往，更有數百學生和抗爭者全天住在佔領區內。

佔領的目的是為了爭取自由及公開的香港政府行政長官選舉。這僅是真正民主及真正普選的訴求；那是北京政府在三十年前於一九八四年中英聯合聲明中承諾過的。

與世界其他地方的示威不同，那次佔領出奇地和平及和諧。這個村莊是從大型抗爭行動中意外地創造出來的。帳篷本來不應出現在那兒。期時被阻塞的高速公路，脫離了它日常的功能。那是一個在日常地方打開的空間。明明交通繁忙是鐵則，人們卻能夠站在那條通往夏慤村的隧道，簡直超乎想像。以傅柯（Foucault）的意義來說，夏慤村是一個很好的「異托邦」（heterotopia）例子。

《時代雜誌》對這個奇怪的地方，作出了很不錯且客觀的描述：「這裡沒有領袖，但是所有事情，由帳篷提供到回收站，都完美地運作著。（……這是）典型政治學上的無政府主義：自行運作的社區。」[1] 依與我聊天的抗爭者的說法，人們從沒有任何建村的計劃，也沒有發起的組織。在沒有特定領袖的呼籲下，人們——大部分都是年輕的專業人士、辦公室人員及學生——僅自願地走進來，架起他們的帳篷，並有秩序地、和平地、有禮貌地生活。這裡亦無需貨幣，因為人們可以自由地取走及擺放所有供應品。大家互相尊重；每個人都是平等，只被同一共識——他們佔領這裡的原因，即以愛與和平及非暴力爭取真正民主——拉在一起。這不是一場派對，而是一場抗爭。每個人都自由地以文字

1 *Time Magazine*, October 20, 2014

或藝術形式，發表他／她的意見。大部分人在白天仍然回到自己的工作崗位，下班後又回到村莊來。晚上經常有集會，以發放最新的消息，及由不同人士發表演講。當然，有時會出現激烈的辯論，但是從不會演變為暴力衝突事件。那裡還有廣泛的學習區，並設有無線上網及枱燈，以供學生在義務補習導師指導下學習。那裡亦有輔導攤位、小型圖書館、回收及宗教設備、保安巡邏、不同的露天講座點及急救站。那裡是法國的國家格言——「自由、平等、博愛」（Freedom, equality, brotherhood）實現之地。夏慤村不只是異域，還是烏托邦（Utopia）。

沒有人會相信如此的烏托邦會在現實中出現。我整生都未曾體會過這樣的烏托邦經驗。但是它真的出現在我們的眼前了。這烏托邦的經驗遠非不真實，但是的確來自真實，從這意義看，它是超越真實的。我們應記住其他所有道路和街道，僅是附近與干諾道夏慤村平行的道路，仍如常運作。但是從「超越真實」的烏托邦村莊的角度看，人們對日常「真實」世界的認知（perception of the everyday 'real' world）卻產生巨大的變化。

夏慤村是面對政治不公和警察施暴時，源自良知呼喚的產物。烏托邦渴望的公義、民主和自由，突然在擁有同樣思想的群體中成為可實現的。夏慤村，從不存在的地方出現，成為這個烏托邦「借來的地、借來的時」（Borrowed Place, Borrowed

Time）。無可否認，從佔領開始時，一直籠罩著悲劇的氛圍。很少人相信香港政府會聽取學生及抗爭者的訴求。沒有人會想到北京真的會推翻二〇一四年年八月三十一日有關二〇一七年選舉程序的決定。我們注定失敗。但是我們勇敢地對命運說「不」、對公民抗命說「對」。

事實上，夏慤村是典型的希臘悲劇。但它亦是一部浪漫劇。無論我們有多喜歡這部美麗的劇作，我們都知道終幕將會到來，布簾將會落下。烏托邦可能是轉瞬即逝的。在二〇一四年十二月十五日，佔領第七十九日，警察開始夏慤村清理行動，香港最高法院亦緊接於那個星期一頒布禁制令。第二天夏慤村消失了，不剩一片雲彩。然後，「借來的地」歸還給日常道路使用者；「借來的時」亦還予學生和抗爭者的日常生活。再一次，烏托邦退回到人類的希望之中，退回到人類的可能性。但是，沒有這個烏托邦希望和可能性的話，人類歷史和生命就可能沒有意義了。

以上的文字從拙作《異域》的後記引述過來[2]。夏慤村是場浪漫悲劇，雖然失敗，但是讓香港人醒覺起來。沒有人知道雨傘運動五年之後的反送中運動，將整個香港顛覆過來，更是一場徹

2 《異域》，香港：匯智出版社，2018，頁60—68。

底的悲劇，香港人的抗爭引發共產專制政體決心摧毀這個曾經是最自由開放法治的城市。沒有免於恐懼的自由和白色恐怖是香港的現實。

二〇二〇年六月三十日國安法定立之後，大家都清晰知道共產黨的答允：「一國兩制」、「高度自治」等等全是謊言。在極權專制下忍辱生活，還是懷著悲憤莫名的無奈離開，是每個香港人的存在問題。

曾經積極參與雨傘運動的朋友，選擇自我流亡人數也不少。計劃出版這本紀念雨傘運動十周年時，我和「一八四一」編輯費盡心思去決定邀請那些朋友撰寫文章，因為我們肯定有很多雨傘運動中重要人士不能或不會參加是次出版計劃。這本不是全面探討雨傘革命的研究，這些仍要留待後人去實現。這本是以「愛與和平」的相片和文章來重現夏慤村的烏托邦日子。我們想到撰寫文章的朋友只要附合兩個基本條件：積極參與過雨傘運動和不再返回香港。

這出版計劃是有點急促，但仍得到十位朋友熱心支持：朱耀明、貝爾雅、阿古智子、杜嘉倫、周竪峰、周永康、陳健民、黃國才、楊寶熙和葉錦龍。我衷心感謝他們。當然最遺憾的是佔中三子之一，戴耀廷仍身在危難之中，不能參與這事。讓我們誠心祝福他，希望他能安然渡過難關。

最後感謝一八四一出版社和編輯黎國泳先生的鼎力協助，得使在雨傘運動十周年出版這書，讓所有在香港內外的香港人，不會也不應該忘記那曇花一現的愛與和平烏托邦。

二〇二四年六月八日

臺灣國立清華大學

煙消人未散

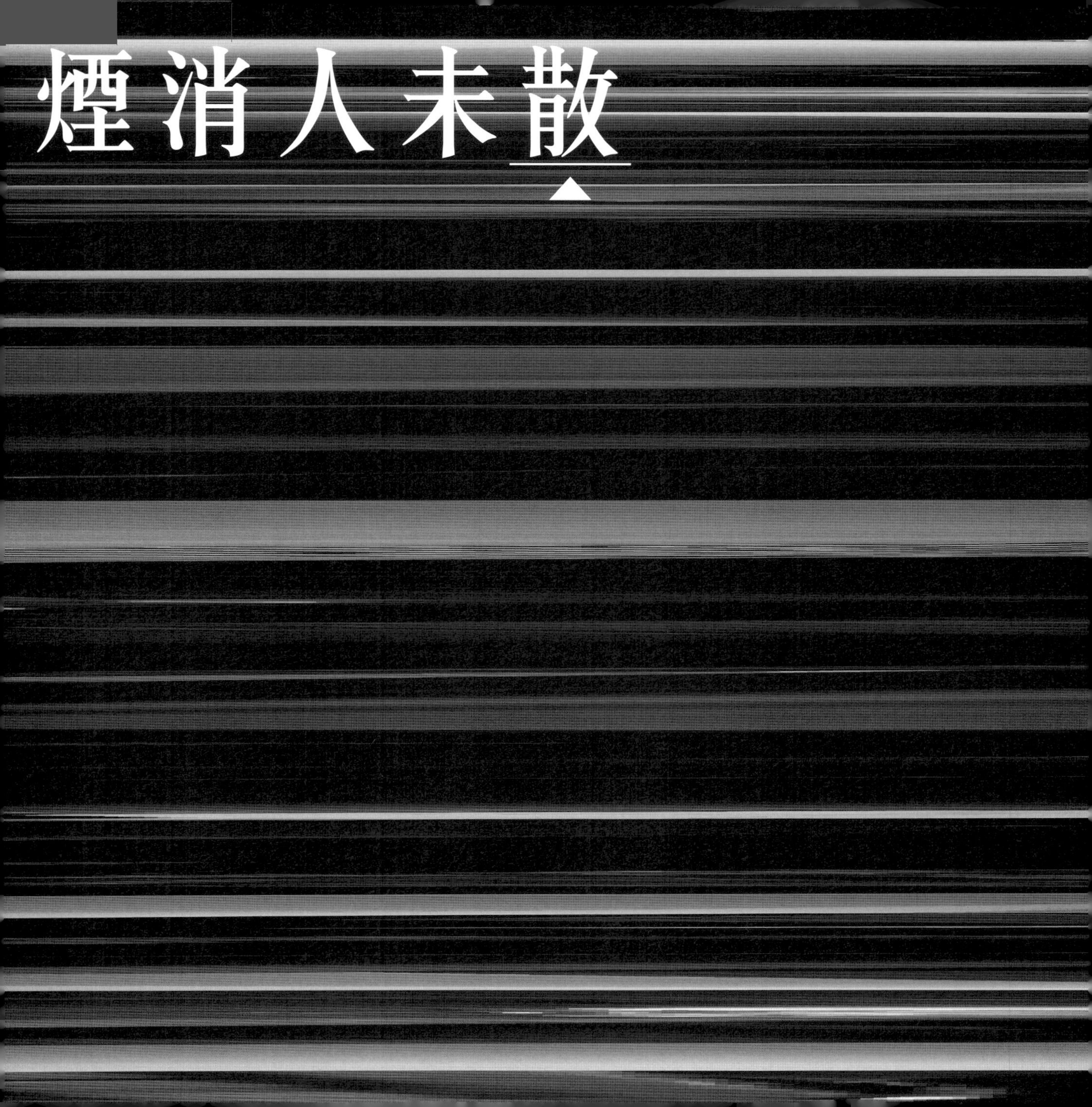

香港
公民

香港
香港

老師 為你們
驕傲

U HEAR THE PEOP

讓愛與和平佔領中環
——良知的呼喚

朱耀明牧師

香港柴灣浸信會榮休牧師，前支聯會常委，長期投入改善社會民生，關注民主公義的問題，八九六四後參與救援學生和民運人士，推動香港落實民主。二〇一四年與陳健民、戴耀廷共同發表「讓愛與和平佔領中環」信念書，被稱佔中三子；後被控「串謀犯公眾妨擾罪」，二〇一九年判刑十六個月，獲准緩刑兩年。二〇二一年受邀為國立政治大學社會科學學院訪問學人。現居臺灣。

心裡常念掛著獄中及離散各地的兄弟姊妹。

一日，前往一所位於山下寧靜莊嚴的修道院；進入聖堂，靜坐仰望著耶穌的十字架，懇切地為受著各種苦楚的兄弟姊妹禱告，不禁潸然淚下：慈愛的天父，求祢撫慰他／她們痛苦的心靈，賜下平安！

禱告完，行出聖堂，路旁豎立一牌，寫著「苦路」。「苦路」之前擺放客西馬尼園的雕像：耶穌和三位門徒在那裡禱告。客西馬尼園的禱告，是耶穌走上十字架的序幕。耶穌為世間所有受壓迫人的苦難，順服上主的旨意，要背負十字架，犧牲承擔世人的罪孽，救贖一切苦難的人，彰顯上主無比的愛。

「客西馬尼」寓意為「壓榨之地」，即「受苦」之義。耶穌此刻的祈禱悲傷：「父啊！祢若願意，求祢將這杯撤去，然而，不是照我的意願，而是要成全祢的旨意。」

二〇一四年十一月三十日，一班中六學生組織「稚．言」發起赤足苦行，期望市民繼續支持爭取民主，在佔領運動中保持克制及和平原則。苦行由海富中心出發，沿天馬公園經立法會停車場，再返回起點，共行九個圈，希望透過苦行想起民主路上的艱辛，每行二十八步一下跪，控訴警方於九月二十八日對和平示威者使用武力，投射催淚彈。「稚．言」在佔領第六十四日舉行，是緊扣「六四」在歷史上的意義。

二〇一九年三月三十日，判刑前由多個基督教和天主教團體舉行「傘下同行民主苦路」。天主教陳日君樞機訓勉時，希望候判九人即使在苦難中亦都保持笑容，面對難捱的漫漫黑夜，想起家人難過時，可以記得天亮時正是復活到來，耶穌會來擁抱所有受苦的人，為香港犧牲的人，藉擁抱耶穌的十字架，使到社會能早日重獲人的尊嚴。

法律學者戴耀廷於二〇一三年一月十六日在《信報》發表一篇標題〈公民抗命的最大殺傷力武器〉的文章，據後來戴教授對記者指出，他原先的題是「公民抗命是香港民主運動的大殺傷力武器」。這篇文章在社會爭取普選最低沉的時刻出現，確實帶來社會很大的迴響。而這篇文章的重要主旨是為爭取在二〇一七年落實符合國際標準的普選行政長官選舉制度。

馬丁路德金呼喚：「……我們要抵抗，因為自由永遠不是白白賦予的，有權有勢的欺壓者從不會自動雙手贈獻給受壓者……權益和機會必須透過一些人的犧牲和受苦才可以獲致。」「仇恨生仇恨，暴力生暴力……，我們要用愛的力量去對付恨的勢力……。」

甘地也曾說：「愛、非暴力，真理勝過世上任何槍炮，能為苦難困厄的人民爭取到正義、尊嚴、和平及自由。」

「讓愛與和平佔領中環」原意是自我犧牲，心懷愛意，因為愛才能感動人、凝聚人，一場運動若不從愛社會出發，可以帶來很大的破壞。要求犧牲，參與者得負上刑責，用個人失去自由來喚醒民眾和當權者。因此我們三人都同意要從教堂開始，在象徵愛與犧牲的十字架下宣布運動的信念書：「這個運動的起點是我們對香港的關愛……」

戴耀廷是香港大學一位法律學院教授，也曾擔任院長多年。認識他的人均說他樂觀天真，純如羔羊。參與運動許多朋友都擔心他的事業前途，據說當時院長陳文敏收到很多信，要求解僱他。有網民揚言要斬他，也收過附有刀片的威嚇信。而當時他的身體也不甚好，有脊骨勞損、痛風症，有時要用拐杖行路。

他提出「佔中」的論述和行動，差不多將其所學的：民主憲政、法治、人權法，公民教育、法律及政治文化、公共紛爭，商議民主……都一一用上。同時，也將信仰上聖經教導的「行公義，好憐憫，存謙卑的心，與上主同行」融合在這運動上。（譚蕙芸、戴耀廷：《對話X佔領》）

戴耀廷教授於二〇一八年十二月十二日受審時陳詞說：「我在這裡，是因我用了生命中很多的年月，直至此時此刻，去守護香港的法治，那亦是香港的高度自治不可或缺的部分。我永不會放棄，也必會繼續爭取香港的民主」。陳詞的結語，他慨然地說：「若然『三子』有罪，罪名就是在香港艱難時刻仍散播希望，我不懼怕入獄，也不羞愧，若這苦杯不能挪開，我會無悔地飲下。」

馬丁路德金，因示威受審被判入獄時說：「一個人若違反不公義法律必須公開，充滿愛心，且願意受懲罰；一個人因良知而指出不公義之法，甘心接受懲處，藉此喚起社會大眾良知和關注個中不公，是對法律表達最大的敬意。」

陳健民也付出了很大的代價，他在中國耕耘了二十多年的公民社會發展工作，被形容「一鋪清袋」。他辭去兩個研究中心的主任職位，並從教學二十五年的中大提早退休，最後獲判十六個月的監禁。雖然他一早已做好準備承擔法律責任，但回想起來仍有椎心之痛。在佔領的第四天，協調委員討論自首一事，健民認為不應此時離開，要陪伴和保護學生。愛就在此顯明了！

判刑那一天，法官判詞如此說：「被告犯案不涉暴力、貪念、慾望、憤怒和錢財，而是出於爭取普選和保護被捕的學生領袖，法庭認為用如此的行動意欲取消『八三一』的決定，爭取普選是『天真和不切實際』」。（判詞第八十四段）

其實「天真」一詞，也有記者曾問健民：「佔領其實是否太天真，好像爭取不到一些讓步。」陳健民回應指出，自發起佔領運動開始，已深知困難重重。若說「天真」的話，便是對一國兩制及政府的良知「還有一點兒天真的信念」。

二〇〇四年由於中央釋法否決普選，我於該年五月廿二日接受香港電台「各領風騷」訪問，主持人當時問我中央政府如此強蠻，下一站怎樣走，我隨口便回應：「下一站公民抗命」。那時，我並沒有具體計劃，只是由於爭取民主三十多年，中央隨便釋法就否決，是不甘心，亦深明壓力愈大，反抗力愈強，必有此行動出現而已。

沒想到年屆七十兼身體病患纏身的我，於二〇一三年被戴耀廷提名參與「公民抗命佔領中環」運動。我沒有猶疑，但卻擔心是否有能力勝任。然而兩位學者皆有美好的前途，幸福家庭，他們願獻身「抗命」，我豈能不陪伴，置身事外？

二〇一四年「讓愛與和平佔領中環」，沒有帶來普選制度的改變。然而透過「商議民主」的經年動員，舉行三次的商討，從政黨至露宿者均參加。這運動肯定是一個公民覺醒運動，在政治價值觀念上影響巨大。

其次是愛與和平的種子深植人心。猶記憶於二〇一四年十月十四日，警察包圍政總，示威市民提議反包圍，示威市民在龍和道已佔領了東西行線，結果數十名警察被困於隧道中間，無路可退。就於此危險處境，群眾發揮了「愛與和平」的精神，開路讓警察平安離開。

另外，這運動也教人深思，究竟為了爭取民主而作出「公民抗命」，是否願意負上刑事責任的代價。十二月十一日警方清場，二百〇九個和平抗命者留守夏慤道接受拘捕，主要都是三十多年來爭取民主的同行者。

最後，對於「公民抗命」社會大眾已提升了接受程度，尤其佔中期後演變為雨傘運動，對於佔領道路七十九日期間和平有序、互助互愛有很深刻的體會。之前，有所謂的經濟學者說：一日佔領經濟損失可達十多億港元，樓市會暴跌，這些都是恐嚇謊言。

入獄前陳健民與我有一席談話：「感嘆傘後社會瀰漫濃烈的無力感，但佔中案開審反而凝聚了不少支持者到法庭打氣，社會亦有機會重溫佔領的初衷，可見受審和入獄是公民抗命中非常重要的環節。這讓我想起納粹德國下，潘霍華牧師參與刺殺希特拉的計劃雖然失敗，但他在獄中堅毅不屈的精神並寫下雋永的《獄中書簡》，影響了幾多後來者。潘霍華常提醒信徒沒有『廉價的恩典』，人必須要為自己的信仰付上代價。他像先知般預見自己如同捲入一場打鬥，開始時還想到擋隔和躲避攻擊，最終發覺只能是忠誠地受苦，就像耶穌來到世上最重要的工作便是受難。潘霍華全然接受上天的安排，甚至感到自己被選中喝此苦杯是一種榮幸。面臨行刑一剎那，他說這看來似是終結，其實只是一個開始。因此我告訴朱牧師，當我們好像對這局勢已無計可施時，我們還可以做的，是忠於我們的信念去坐牢、去受苦。」（《陳健民獄中書簡》）

十二月十一日警方清場，然而高高懸掛於夏慤道天橋的兩條布製橫額標語，存放於人心，是決志！

We will be back
It's just the beginning

夏慤村拾遺

陳健民

「讓愛與和平佔領中環」發起人之一，二〇一九年因「串謀犯公眾妨擾罪」、「煽惑他人犯公眾妨擾罪」及「煽惑他人煽惑公眾妨擾罪」被判入獄十六個月。二〇二一年九月應邀到臺灣任國立政治大學社會系客座教授，現於臺灣定居。畢業於香港中文大學社會學系，活躍於學生運動，後赴耶魯大學攻讀社會學、中國研究。曾任香港中文大學社會學系副教授、公民社會研究中心主任、中國研究服務中心主任，積極參與公民運動，為弱勢群體爭取權益。

在雨傘運動七十九天的佔領行動中，我在夏慤道遇上許多正直善良的臉孔，但有一張我至今難忘。

佔領開始

二〇一四年九月二十八日下午快到六時，我手持麥克風準備召開記者會，希望在晚間新聞直播時段反駁特首梁振英在該天下午對民眾佔領夏慤道的無理指控。忽然間，一聲巨響將記者和民眾嚇得目定口呆。回過神來，看到白煙在人群中擴散，然後是連續多幾聲巨響。

「是催淚彈！」我向站在旁邊的邵家臻喊了出來。當時記者一窩蜂往催淚彈爆發的方向衝去，民眾卻反方向逃命，場面非常混亂。我們雖然也沙盤推演過警方發射催淚彈時應如何疏散民眾，但從來沒想到在未有任何對話之前，梁振英便馬上使用如此強硬的手段。為了保護示威者的安全，我們勸喻他們往添馬公園方向疏散，但佔中三子、學生、泛民領袖和一些教會朋友卻留守在政總外的大台。八十多歲的大黃伯坐在地上拒絕離開，義工想盡辦法勸他把他挾走，晚上他還是瞞著家人偷偷溜回金鐘。

大黃伯並非個別例子。我和學聯的鍾耀華整個晚上看著催淚彈如何射進拒絕撤離的民眾，人群散開又再重聚。每聽到催淚彈爆炸聲，鍾耀華便罵一句粗口。我默默無言，內心和他一樣憤怒，更被示威者的勇氣所觸動。那個晚上，不時聽到聚集在夏慤道的人群和被封鎖在政總外圍的示威者對唱 Beyond 的〈海闊天空〉。破曉時分，我看到大量疲憊的民眾站在夏慤道中間，看著海富中心升起一幅倒掛了的區旗，全場掌聲雷動。七十九天的雨傘運動在催淚煙中開始，佔領的地點除了金鐘，還包括旺角、銅鑼灣和短暫發生的尖沙咀。

佔領一個公共空間七十九天，能讓參與者暫時與歷史割斷。金鐘、旺角、銅鑼灣均是商業中心，最能呈現百多年來香港作為一個「經濟社會」的面貌：那是拼命賺錢、盡情消費之地。夏慤道是金鐘的最主要幹道，避免影響車輛高速流動，行人靠天橋橫過馬路，通往各大商場、高等法院、立法會及政府總部。示威者將佔領區變成夏慤村，期間賦予這空間從所未有的意義，亦無法預計運動終結時會為香港帶來甚麼轉變。所謂與歷史割斷，是因為夏慤村沒有過去和未來，亦代表示威者不受法律和主流文化的制約，無拘無束地塑造他們的烏托邦。

環境保育

佔領運動讓我第一次熱淚盈眶的，並非那八十七枚催淚彈，而是第一個早上看見年輕人戴上黑色的手套，在政總外圍檢拾民眾在慌忙逃跑時遺下的垃圾。原來他們並非我想像般是被外傭寵壞的一代。不一會，我看到在夏慤道已有民眾設立了一個資源回收站，主要是收集塑膠水瓶和其他可循環再用的物資。

香港的社會運動在九七年後主要集中兩個主題：一個是爭取行政、立法機關的雙普選，另一個是以反對清拆天星、皇后碼頭和灣仔囍帖街為標記的保育運動。後者反對盲目的「發展主義」（developmentalism）或者如龍應台說的「中環價值」，認為香港不能只是講求經濟效益而破壞環境，或消滅帶有集體回憶的建築或社區，所以被冠以「後物質主義」（post-materialism）運動之名。其實保育運動（期後還有反高鐵、反東北發展計劃、保衛菜園村等運動）和爭取雙普選有其一脈相承之處，便是大家把香港看成我們的家，而不是老一輩的「借來的時間、借來的地方」（borrowed time, borrowed place）或者只是一個由勞動和消費市場所構成的「經濟社會」。既然是永居之地，港人當然要在此實踐真正的港人治港，和建設一個可持續的宜居城市。

我看見佔領者在防撞石躉罅縫中種花，也看見老師傅帶著義工用卡板搭建了一個自修室，讓參與佔領的中學生溫習功課、預備考試。晚上為了提供自修室的照明，義工們改裝了幾部單車，讓大家以腳踏方式人力發電。當反佔中人士譏諷只有「廢青」才參與佔領時，這些學生默默地在如此簡陋但滿載環保與互助精神的空間溫習，已是對反佔中論述的有力反駁。

無私分享

建制中人如葉劉淑儀，曾信誓旦旦地指出佔領運動有海外勢力介入，而她的證據便是在佔領區有大量物資免費向示威者派發。對於曾參與佔領的一百二十萬港人（按香港中文大學的民調推算）來說，這番話反映一些政客如何極離地，亦反映她們在功利的世界打滾太久，不能理解人們為了理想可以互相扶持，無私分享。

我們從二〇一三年起推動「讓愛與和平佔領中環」運動，已深深體會市民對民主運動的支持。每次有大型遊行，我們都會在灣仔設立街站，經過的遊行人士均慷慨解囊，有些市民會把整個錢包淘空。只要一個下午，我們便可籌得幾十萬港元捐款，支持我們舉辦商討日、民間公投或其他文宣活動。

這些金錢上的支持，不單止來自中產階級。我記得有一位身障人士，一直等我們搭建好街站後，一拐一拐地走過去把一張十元紙幣投進我們的籌款箱。他說因為身體不方便遊行，所以希望先來街站捐錢。看著那張紙幣飄落箱底，我被深深觸動，那是滿載希望、最有重量的一張鈔票。

雨傘運動開展後，市民將大量乾糧、飲用水和其他物資運到佔領區，義工們設立多個物資站進行收發。基隆茶餐廳每天免費提供以百計的便當，亦有義工派發甜湯，為示威者打氣。我們駐守在立法會大樓外的一個角落，經常有婦女送來湯水。更有一次是一位南亞裔婦女，在現場為我們製作咖哩料理。由多位醫生及護士組成的佔中醫療隊亦成立多個醫療站，為示威者提供服務。夏愨村的公廁亦成為佔領運動的一道風景，清潔用品、香水、女性衛生用品應有盡有，還有義工定時打掃。

我更觀察到不少人圍坐一起，談天說地之餘，會特別就一專題辦個沙龍，譬如分享社會參與的經驗，包括如何成立和運作社會企業。更有一群教會工作者在夏慤村成立「教牧心靈支援站」，在佔領區舉行崇拜，亦和信徒祈禱和傾談，分享靈性的體會。他們經常來慰問我們三子，並一起為運動祈求上主引領。

平等參與

佔領者願意無私分享，意味著一個「命運共同體」的出現。在夏慤村的「村民」，有平等的權利決定運動的走向。誰手中持有麥克風，或者聲音夠大的，便可以在某個角落「起壇」演說。最夢幻的，是有一回我竟然見到中國政協前委員劉夢熊站在一個木箱上向示威者講話。

村民不單要求平等的發言權，對夏慤村的管理亦必須實行村民自治。雖然曾有公眾要求示威者撤出金鐘道，減少市民上班和上學不便，但留守該處的某一政治組織與村民商討後拒絕該建議，無論是佔中三子或學生領袖亦無權下達命令要求他們撤出。

當中信大廈成功申請禁制令要求示威者撤離大廈停車場出

入口，我和何俊仁及戴耀廷在晚上只能和駐守中信大廈外的「村長」和核心村民圍坐地上，討論法庭禁制令的內容和違反禁制的正反後果。當我們離開之後，村長便召開村民大會，詳細討論應對方法。在深夜二、三時左右，我目睹年輕的村民分組合力拆除堵塞中信停車場出入口的鐵馬，然後搬到另一據點加強該處的防衛。但在旺角的村民對小巴商會申請得的禁制令卻有不同的回應，結果黃之峰、岑敖暉、黃浩銘等便因違反禁制令被捕，可見雨傘運動並無統一領導。強調平等參與的精神，最終亦引發「拆大台」行動，令學生領袖亦無權掌控夏慤村的話語權。

公共美學

參與佔領的市民都不禁讚嘆夏慤村展示的公共美學。雨傘人雕像、以被警察打破的雨傘砌成的聚散樹和雨傘幕、由彩色繽紛的 post-it 構成的連儂牆，還有無數掛在行人天橋欄上的直幡、貼在建築物牆上的手製海報、地上的粉筆畫等，儼然將夏慤村化身為露天藝術展覽館。

我每天在紮營處聽到叮叮噹噹的響聲，原來是民主黨的同仁在製作雨傘運動鎖匙扣，市民排成長龍索取。晚上在夏慤村的各個角落，我見到年輕人一起用絲網製作T恤，或者一起摺疊紙雨傘及其他手工藝品。

這種美感的爆發，反映平常的香港是一個高度管理的城市，除了一些甲級寫字樓會放置著名藝術家的作品外，其他只會地盡其用，少有空間讓年輕藝術工作者展示他們的才華。在二〇一九反送中運動之前，香港街上甚少出現塗鴉。

但只要人們對一個地方有感情，自然有將之美化的衝動，只是這種熱情往往只能在私人空間表達。許多參與佔領的市民都讚嘆港人在強權面前表現的勇氣和團結，說這是他們見過美好的香港，藝術創作在這樣的運動中發生是自然不過的事。佔領後的第一個晚上，我看見一群穿著黑色緊身衣的年輕舞者，隨著音樂在夏慤道中間跳舞，現在仍歷歷在目。那些節奏、那些舉手投足讓我感受到這場運動的生命力，亦讓我明白應該讓滿有創意的年輕世代帶領這場運動。

生命政治的願景

雨傘運動的目的是反對中國人大常委會通過的「八三一決議」，要求實行符合國際標準的真普選，但參與者卻賦予這運動更深層的意義。相對經濟至上、唯利是圖、權力集中、地盡其用的「中環價值」，夏慤村表現的環境保育、無私分享、平等參與和公共美學，是香港公民對未來社會的一個願景。

社會學家 Anthony Giddens 指出「生命政治」（life politics）與「解放政治」（emancipatory politics）不同之處是不單要對抗各種不公與剝削，還要提出怎樣才能真正自主、活出生命的美好。而生活方式運動（lifestyle movement）中的「預兆性政治」（prefigurative politics），指出要透過建立一個理想生活的小示範（如小型公社或另類經濟平台）去展示美好生活的可能性。在雨傘運動中建成的夏慤村，便是在回應生命政治的呼召，並以預兆性政治的方式述說香港人的願景。

人心的改變

雖然夏慤村有如此意義，有些示威者覺得它太過中產、太過和理非，覺得村民一天到晚在唱K，無力迫使當權者退讓。他們轉移陣地到旺角，認為那裡更貼地（拜關帝、吃火鍋、打乒乓球）、更有勇武精神。他們以圍魏救趙的 war game 策略，偶而與警方發生衝突，讓政府不能集中精力剷除夏慤村。

我只在旺角佔領區短暫停留，看見在彌敦道和附近街道布滿防暴警車，氣氛的凝重與夏慤村有很大差異，亦讓我更佩服在該處佔領的勇氣。我深信不同佔領區的參與者，都是基於對中共背棄普選的承諾和梁振英以催淚彈攻擊和平示威者的憤怒。

一個晚上，我在夏愨村蹓躂，看村民圍爐聊天，遇上一位穿著黑色套裝裙的女士漫步在帳篷中間，怎樣看亦不像一個佔領者。我好奇地和她搭訕，知道她原來在金鐘經營一間食肆，我便禮貌地致歉，希望佔領行動不會太過影響她的生意。

「你千萬不要這樣說。」她回答說。「我以前營營役役只顧著賺錢，從來不太關心政治。只是你們開始佔領後，我才趕快『補課』了解發生甚麼事情，便知道你們為香港所做的一切。現在我每晚關店之後，必須到這裡走一走，心裡才安樂一點。你不要道歉，我反而要感謝你，是你們讓我重拾失去的良知。」

這是一個奇特的晚上，這段交談讓我看見夏愨村更深層的意義，亦讓我明白要和獨裁政權抗爭，最重要還是人心的改變。

释放良心犯
还大陆人民知情权
湖南公民
STAY STRONG
民主理想
不惜代價
MADE IN HK MADE OF HK MADE FOR HK
HK EXPORTS VALUES & VIRTUES
堅持

入口在此
多謝合作
IN
ENTRY
IN
入

公民提名
Cotton Tree Drive
紅棉路
抗爭路

政府失信
撐到底

周大福
CHOW TAI FOOK
LUKFOOK JEWELLERY
基督徒共融
爭取真普選
謝絕現金奉獻
JEWELLERY

A NEW LOOK
全新形象
繼往開來
道通天地
永隆銀行
WING LUNG BANK
關帝廟
關帝絕不保佑
助紂為虐之
香港警察
凡與兇徒聯手
殘害忠良
或見兇徒傷害
抗爭勇士
而袖手旁觀之
香港警察
全家必定一生運滯
不得好死
褻瀆神靈者
必遭天譴
謝絕
肉類供奉
永久保留
彌敦道關帝廟
本神壇採用佛門禮儀
請以素菜果品供奉
(關帝亦為佛門護法伽藍)
公民提名
停止
武力清場
褻瀆神靈者
必遭天譴
必落地獄，永不超生
GO TO HELL
請協助
守護路障
彌敦道
不是障

revolution
A NEW LOOK
GRAND PLAZA
撐雨傘

我要真普選
#UMBRELLA MOVEMENT
永隆銀行
WING LUNG BANK
BANK CENTRE MALL
STARBUCKS COFFEE

前仆後繼

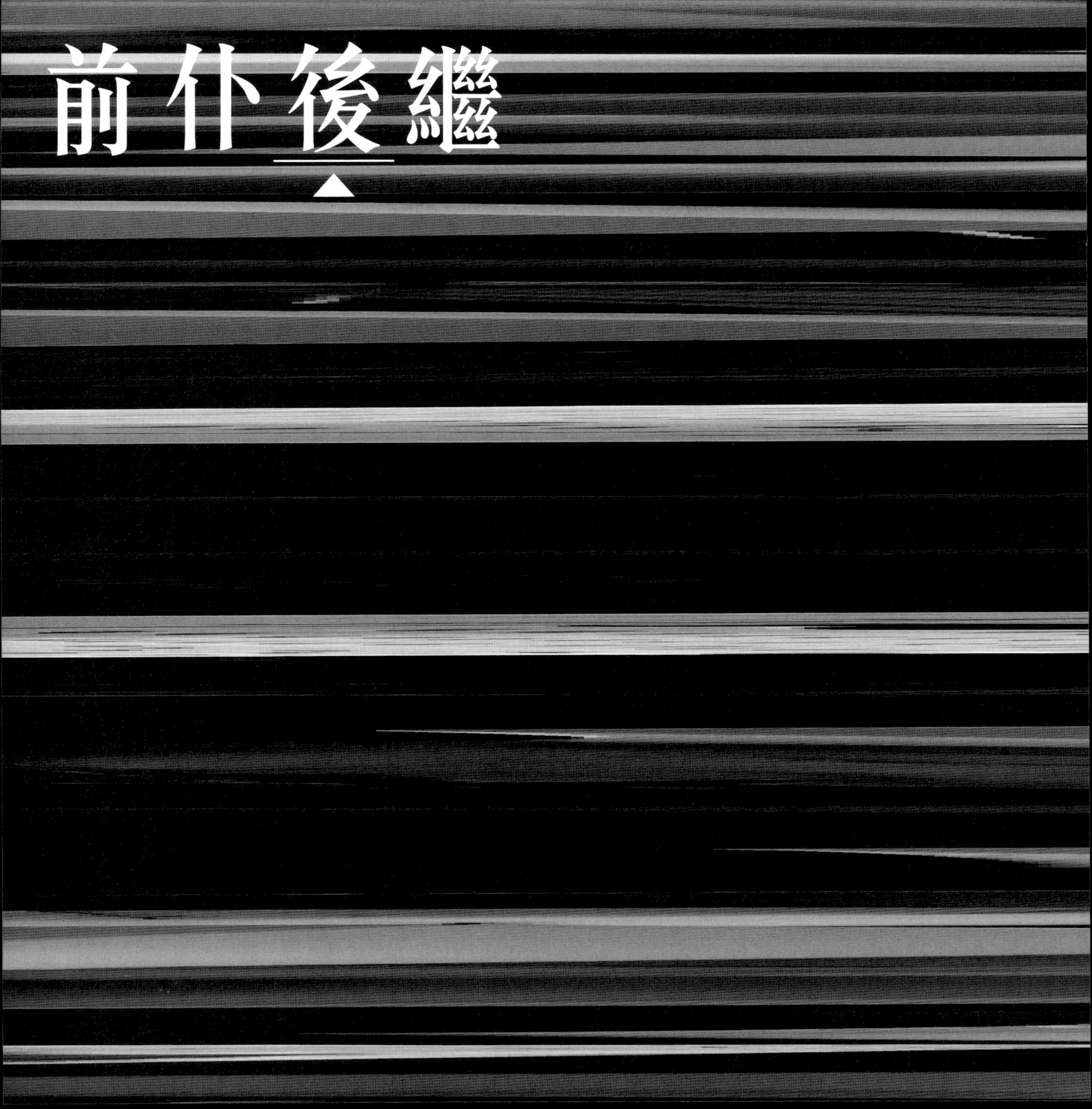

點算遺憾

急救站
Nutzt kein
engas
Wir haben nur Regenschirme
Say No To Be
Slave of Law
Safe to Starve
45664
絕食
廿六天
HUNGER STRIKE
624 Hours

真普選
不是不
死
我們只怕錯
ar of death but if
don't insist
there will be no fut

Silence

雨傘運動　十年一記

周永康

雨傘運動期間任香港專上學生聯會秘書長。本科修讀比較文學及社會學，現為加州大學博克萊分校地理系博士生，研究戰後香港的解殖思考、實踐及進程，跨學科視角去重新理解香港經驗。周氏也擔任 Hong Kong Democracy Council 理事、《如水》雜誌同共創辦人。二〇一七年因「公民廣場案」被判刑七個月，二〇一八年被英美國會議員提名競逐諾貝爾和平獎。周也好讀佛法，近年醉心腦神經科學、生命進化、輔導心理學、創傷治療、個人健康及去殖醫學等課題，探究「光復香港」的由來歸宿。

執筆之際，適逢四十七人案抗辯者判刑。

思考上深明事情是有定論，定罪、判詞、刑期，不過是照劇本走的一環。法官歸編劇、監製、導演和演員於一身，或再與幕後人大常委及港府官員協商一番。然而，身體的感覺卻是甚為明顯，知悉事情不對，令人憤怒、沮喪、不甘、傷心、難過與更決志需要把罪惡連根拔起。

雨傘運動已經是十年前的事，本人也由一名二十四歲的青年長成三十四歲的中年。除了年歲上的增長，似乎更多的是過往十年在生命上和知識上的探索，在未知中嘗試理解自我和世界——到底一個身兼香港認同的生命，如何能活出自由的命運與生活？

在二〇一九年起至今五年，我不時都在思考生命中被誕生地切割的片刻與後續，到底人如何「花果不飄零」？過往兩三年，我尤其投入在 Mental Health 的自我護理，去理解人的精神健康與內在細胞（cells）、神經元（neurons）、化學物質（chemicals）、汗爾蒙（hormones），與外在物理環境如家居擺設、社區環境、時差變化、天氣溫度，意識及潛意識的體現，是一種相當物理（material）、生物性（biological）的連帶關係，是生命在生理學（physiology）上的呈現。在所有人、宇宙、地球之間，生命的物理性中如何在精神上起脫，與身體內外輔助一趟自由旅程的歷險，就是一種自由探索的追求、實踐和存在。

在被香港切割後的一段日子，確實有些時日心中愧疚良多，甚至在四十七人案被告剛被捕時，有衝動飛回香港。往後的日子，我嘗試了不少療法，從進食 SSRI、接受 therapy，踴躍參與 group therapy，連續三次的學生自發 grieving / becoming session，接受 strength / resistance training 的指導，學習 chronic pain / mindfulness practice，再回到與 Buddhist 同儕的 self-compassion and kindness practice，開始對 art therapy 有興趣，皆把我內心的靈魂導回了「香港何在？如何光復？」之探問——之於香港，「香港就是我／我就是香港」，把心中的幽暗之處照亮，也是去年末，今年初的新覺悟／領悟。

回到雨傘運動的現場。我自身的經驗，從來是遊走立法會、金鐘、旺角／學聯、家的日常經歷，不存在於佔領區的浪漫或感動內心的震撼；而是夾雜四面八方勢力的聚合，如何從廣場走進人心、或從人心走進社區、或從社區走進政府機關的探索。對於策略上各方的盤算與爭持，一方面把我引進了雨傘運動後的佛法探索和學術思考；二方面是深入社區經濟的另類可能，把我導向臺灣的佛教團體、有機農業、環境運動，期盼他山之石，可以攻玉。

殊不知地緣政治的變動，從來都是翻天覆地。二〇一八年中、美雙方在貿易戰、科技戰衝突加劇，亦反映了一九八九年後三十年的自由貿易和金融開放策略，未有轉變中共政權的本與，黨國一體的特性在境內統治和國際環境的競逐中，顯露無遺。二〇一四年的雨傘運動，接受胡溫十年和習近平初上台的階段，坊間包括民主派立法會議員，會四處協助傳播習近平是改革者之類的流言，活在不忍痛下決心出走溫和改革者的路徑；也是不少港人的寫照，促使雨傘運動的情感政治，佔領者之間有截然不同的政治思考、判斷與決志。

公民社會內部的溝通受著民間團體、媒體、網絡社群、友儕社區與社區運動、政治運動及政府治理之因素影響，影響雨傘運動至二〇一九年反送中運動之間的政治感受與行動。二〇二〇年國安法下來，高舉黨國政治（party-state）至上，國家安全壓下所有在「一國兩制」下的虛擬自由，將僅餘的政治空間，包括政黨政治、媒體自主、獨立工會、學術機構收歸其下，不容半點政權視為威脅的異議聲音。在雨傘運動期間佔領區內以及佔領區外的言論空間、思想自由，今不如昔，不但政權復仇及暴力回擊之頻率高升；深懼敢言成本而作之自我審查及遠走他方，流亡四異，也成為當今港人之寫照。

當日在佔領區中的自主實驗，渴望在日常生活中體驗直接民主、商討辯論、反擊腐敗、爭取公義之浪潮，只能隨著每個人體與團體網絡四散，四海為家，以期重建海外港人之公民社會。

今日海外港人離散四地，美加英歐澳台等地之港人組成皆不同。出走年份不同，入藉時日不同，教育背景不同，文化洗禮不同，居住環境以及當地政治機構、經濟環境、地緣政治之角色，皆劃一不同。在港人出走香港之時，回望十年前的雨傘運動，把內裡的期盼與四散各地的港人自主空間、政治實踐、地緣政治變遷、政治經濟分析結合在一起，回顧雨傘運動的內在動能與外境變化，亦是一種觀察和衡量港人社群的政治實力、經濟根基與自由信念如果可以在海內外實踐的進路。

然而，海外諸國的地域差異、香港境內外的自由實踐、全球政治經濟視角的分析，都是在考察個體及群體從雨傘佔領區出走至今，難以量化但可以捉住的幾條線索，去捕捉雨傘運動前後的來龍去脈，去觀察、思考和感受佔領者的思緒變化、政治情感、自由實踐。從一國兩制下的鳥籠民主，長成短兵相接的警民衝突，及至律令為武器的法制壓迫，皆讓我們重新思考和面對雨傘運動的民主願景，如何在一個充滿地緣政治考量、軍事衝突加劇、經濟政策難以抑制國域經濟發展和資源分配，以及全球經濟發展不平等的資源衝突和權力爭奪下，得以萌芽生根。

個體的自由、群體的命運、中國大陸政權命途多舛和全球政治經濟變化，都構成昔日雨傘佔領區的內在博奕、感受、社會化層和今天海內外香港群體成員去思考自己的忠誠、變革的策略和全球地緣政治的衝突，以甚麼原則作準？如何推動政策？昔日和今日的認知框架、協調方法、經濟制度、族群制突、氣候政治，是否能一成不變，抑或同時需要不少新的認知框架，去更新昔日英治時期、特區政府政治的日常政治分析、經濟治理認知和個人生命歸宿的探究？

本人在二〇二四年五月下旬，赴荷蘭海地出席港人主辦的

「ImagiNation: Hong Kong in Exil」研討會及策展，感悟更深，認同政治倡議與創作藝術的創意、衝勁、動能，距逾文化、語言與政治認知的進路十分相似。一名藝術家在交流時也提出政治紅線逼使每名創作人必須重新思考每之呈現自身、跨線溝通、創造轉化空氣的手法，皆需不斷試探、重鑄，推陳出新。若如雨傘運動至今，有其革命性創造之動能，對於每名參與者不同之思考及感受意義；至於我，莫過於是一剎政治啟蒙，教曉我所有的光輝燦爛與黑暗寂寥，皆有其意義，體現在我等諸多參與者之中，銘記政治自由之創制，在於內心深處不屈的精神、意志及靈魂，在不斷尋找革命之可能，嘗試重現一剎之光輝，驅逐使人心凋謝之認知處境、歷史制度、政治政策、經濟認知、社群敘述及人為／國族浩劫……

寥寥數筆，是為雨傘運動十年一記。

變動的雨傘記憶　不變的抗爭意志

周豎峰

英屬哥倫比亞大學歷史系研究生，專攻香港當代政治史，研究領域為香港的記憶政治、無大台抗爭的沿革、雨傘世代的政治意識、以及殖民身分與國族想像等問題。自反國教運動起，以中大學生會會長、學聯代表、議員助理、政黨秘書等不同身位參與民主運動和推動本土抗爭。在二〇二一年因籌備香港公民議政平台而受中共威脅，現流亡加拿大。

風雲際會，時局變異，十年竟如一瞬，雨傘革命猶像昨天。

法國史家 Pierre Nora 在一九八九年四月發表由法語轉譯成英語的論文〈在記憶與歷史之間：記憶所繫之處〉（Between Memory and History: *Les Lieux de Mémoire*），控訴在追求徹底理性的現代，人類社會自原初以來即珍而重之，賴以認知自我、族群、和過去的集體記憶，已然被客觀、物質、無情、冷冽的歷史所取代。我們是自古以來最嚴謹的史家，如同瑞士的錶匠一般毫秒不差地記錄我們身邊的每件瑣事，於紀錄和檔案長情而多情；我們也是自古以來最懶惰的善忘人，任由外在抽象的史實覆寫我們內在真實的記憶，對自己的主觀感受無情而絕情。我們似乎漸漸忘記：理性與感性是相互交纏而非相互排斥，歷史與記憶相輔相成；見證兒女畢業、目睹父母逝世、仕途鯉躍龍門、居宅遭遇祝融，凡此種種，知之而感之，情緒自當湧泉而出；或說同一輪圓月，到底是惹起何事長向別時圓的離愁，抑或興起今月曾經照古人的哲思，觀者心境不同，得之感受自然不同。我們固然可以深入考究某某年某日某時放煙花甚式幾枚，但於那對在煙火下默許終身的情侶而言，或許更重要的是他們當天一同看煙花時的真摯感受，在當下如何將彼此連結在一起，在日後又如何繫永恆記憶於一剎煙火。

我們對作為歷史的雨傘運動瞭如指掌，由中大百萬大道大會、罷課不罷學、重奪公民廣場、九二八、八十七枚催淚彈、反佔中黑社會踩場、暗角七警、行動升級包圍政總、到最終警察武力清場，無論港共政府如何努力想掩蓋抹殺竄改扭曲，我們於一切事實依然如數家珍。相反，我們對於對作為記憶的雨傘運動知之甚少——或者應說不曾正視。在二〇一四年到二〇一九年間，投入最大而受傷最痛的因為「雨傘後遺症」而不想記起，部分本土派則因為悼念六四的論爭而對回憶和紀念一刀割地嗤之以鼻；

傳統泛民對六四的關注自然比雨傘多得多；更多普通人，則因為怕惹上麻煩而在他人面前對其雨傘經歷三緘其口。在二〇一九年之後，反送中贏得全球關注，又贏得中共以國安法落水一齊攪炒。在海外，我們要照顧國際受眾的市場，談反送中自然要比談雨傘受歡迎得多；在香港，我們連六四也無法公開悼念了，又如何公開談雨傘記憶？

於是，我們把雨傘記憶埋在心底深處。但每當經過曾經的佔領區，我們的心都會泛起一種甜蜜的苦痛。Pierre Nora 論「記憶所繫之處」，說某些具象徵意義的事、地、或物，會化作記憶的聖地，錨定社群的集體記憶，讓記憶在歷史的巨浪中永恆，也讓每個踏入聖地的人不可避免地同時踏入記憶之中。對很多人來說，他們的雨傘記憶繫於夏慤道，有些人繫於旺角匯豐銀行十字路口，也有些人繫於 SOGO 外的大馬路口。即便雨傘記憶落在了六四、反送中、和極權滅聲之間的三不管地帶，如同九龍城寨，被殖民者鄙視、排擠、清拆，但它卻始終在我們心中像幽靈般揮之不去，混沌而有序、蔓生而無形，牽繫於城中各處，深深地影響著我們的潛意識，構成我們的文化想像，化身為我們的身分認同，益忘益現，終至不朽。

有趣的是，雨傘的影響力、意義、和象徵，都不是在二〇一四年當時便確立的。恰如所有的集體記憶，相比事件在當時如何發生，更重要的是人們在日後如何記起；換言之，相比探究客觀的史實，更有意義的是探究人們如何詮釋這些史實，最後又如何化之為記憶，沉澱於社群的集體意識之中。更有趣的是，因個人經歷不同，不同人對同一份集體記憶可以有不同詮釋，而隨社會背景變遷，我們在不同時間也會對同一份記憶有不同詮釋。

二〇一九年後，雨傘革命的地位被大幅捧高，其於反送中抗爭的啟蒙作用被廣為肯定，但在雨革清場之後的好一段時間，要如何爬梳理解「咁大犧牲得個桔」，則是其時總結雨傘的首要議題。光譜的一端有熱血公民，開宗名義出版《雨傘失敗錄》，以最現實的角度，辛辣批評各處不足不是，一方面拒絕紀念也大力鞭撻雨革在現實政治上的失敗，另一方面則聲討他們眼中導致失敗的禍首。另一端，則有部分左翼社運的朋友，以最浪漫的情懷，在「九二八」一周年重返各個佔領區唱歌演講紀念，提出「傘落社區」、「遍地開花」、「深耕細作」等，一方面強調雨傘在精神上的成功，一方面歌頌夏愨村的烏托邦式生活。網路媒體《聚言時報》則中間著墨，出版《雨傘回憶錄》，任由不同投稿人講述自己的雨傘回憶，提出「紀念是無可厚非的，但應該同時帶有反思及自省，吸取經驗，為下一波的革命做好準備」。粗略綜而觀之，在二〇一四至二〇一九年之間，愈年輕和愈傾向本土派的朋友，愈傾向強調雨傘的失敗；愈年長和愈傾向泛民和左翼的朋友，則愈傾向肯定雨傘的成功。

不論將之視作成功的範式，抑或失敗的反例，雨傘影響力之深，問起無數與我年紀相彷的社運朋友，大多都不約而同地說雨傘革命是對他們最重要的人生轉捩點，也是他們情感牽繫最深的記憶，即便在二〇一九年浩浩蕩蕩的反送中之後依然如是。自雨傘革命落幕之後，一直有「雨傘世代」的說法，指的是以雨傘革命為政治啟蒙的一代，以出生年論大概可被粗略界定為於九〇年代出生的香港人。這一代人在二〇一四年時正值中、大學生時期，一方面是社會學所講形塑意識形態和政治信仰的關鍵之齡，另一方面也是心理學所論纖細脆弱多愁善感之年。恰如上一代在目睹六四後深受衝擊，雨傘革命亦為雨傘世代帶來不可磨滅的改變。我生於一九九六年，和身邊的同輩朋友們同屬雨傘世代。我身邊有小康之家的朋友，本來於讀書賺錢娛樂之外對社會別無他求，雨傘後轉而投身於政治；也有本來出生於警察世家的朋友，在前線親歷警暴後於家人反目，「瞓身」參與社運義無反顧。即便是對政治不熱中的朋友，也會感嘆雨傘革命完全改變了他們對中國和香港的看法。

弔詭的是，正如前文所述，由雨傘革命形塑而出的雨傘一代，當中投入最大者往往受傷最痛，於失敗和無力感受至深，罹患「雨傘後遺症」而不想公開翻開傷口，遑論紀念。但是，人是不善掩飾的動物，無處宣洩的血淚在臉書上、在閒談間、在最深入的訪問內、在最沉鬱的自白中，不時便會決堤而出。又或者，當我們走到夏慤道，走到旺角匯豐銀行，走到 SOGO，瞳孔便會不自覺地失焦，思緒便會被虹吸回那年的那個瞬間。我們不須紀念，卻始終記得。

那幾年雨傘後遺症之痛，不單單在於創傷的回憶會隨時從各個佔領遺址襲來，更在於創傷本身從未停歇，一直在當下持續進行。它並非只是深炙於過去的一道疤痕，而是持續被挖深的傷口；它會化身成街角的每一個警察，化身為特首的每一篇講話，化身為中共的每一個決策。如果政治真的無孔不入，那麼政治的傷痛自然就無處不在；如果政治即生活，那麼政治的絕望自然就是生命的絕望。正因為雨傘世代曾經將所有的希望押於雨革之上，雨傘的失敗於我們而言，象徵著我們付出再多都無法扭轉香港的敗局。雨革後北京對香港宰制日重，在我們心中，猶如看著深愛之人被人一刀一刀地凌遲。而最難忍受的是，不少人似乎仍然無動於衷，繼續吃喝玩樂，自我麻醉。但當我們認為身邊的一切人、事、物都極其荒誕，會不會到頭來荒誕的其實只是我們自己呢？於是，雨傘後遺症的痛，是創傷的痛，也是絕望的痛，更是置身於荒誕之中，久而不知荒誕者誰的痛。

在二〇一五年整年，我都極其陰沉孤僻，絕望如行屍走肉，不時有自我毀滅的衝動。每當經過夏慤道或旺角匯豐銀行，記憶洶湧而出，情緒久而不止。不少人如同退役士兵，無法重新融入昔日圈子，轉到網上尋找其他同樣有雨傘後遺症的抗爭同志建立新圈子圍爐取暖。當然，在當時不少人眼中，我們只不過是一群無法接受失敗的政治憤青。但當今日我們從歷史的高度回望，二〇一六年開始席捲全港的本土思潮，以至二〇一九年的反送中抗爭，其骨幹有極大部分建基於雨傘之後這一波政治憤青的圍爐圈子。歷史向我們開了個玩笑，正正是我們這一批在當年最堅持雨傘失敗論、雨傘無用論，最不肯回首雨傘的人，最後才是最活生生的雨傘遺產，才是雨傘革命所埋下而終將燎原的抗爭星火。

在二〇一九年反送中爆發之後，因應劇變的時代背景與政治語境，對雨傘意義和記憶的詮釋也迎來了劇變。如今最普遍的說法，是雨傘為反送中的先聲，對其抗爭模式有兩大影響：其一是開拓了由佔領街道到 Black bloc 衝擊的各種不同抗爭手法，其二則是彼時的「拆大台」直接催生了反送中的「無大台」組織模式。在不少人的論述當中，雨傘亦為廣大香港人帶來了一大教訓：他們提出雨傘失敗之因在於抗爭陣營的內部分裂，於是在反送中時必須不論陣營世代路線均團結一致方有勝機。

值得一提的是，這兩大影響和一大教訓，與二〇一九年前政治光譜兩端對雨傘意義和記憶的主流論述均不完全吻合，甚至相當背道而馳。在二〇一九年前，泛民和左翼社運往往排除 Black bloc 衝擊等的勇武抗爭手法於雨傘記憶之外，同時亦視「拆大台」為雨傘革命的污點而非驕傲，並且在傘後一直拒絕改變其和理非的抗爭手法和大台領導模式；而本土派一方亦一直將雨傘失敗歸咎於泛民和左翼社運的無能乃至出賣，甚或喊出「左膠／泛民不死，港難不止」的口號。兩方論述最大的共同點，就是即便不視對方為雨傘故事中僅次於政權的敵對勢力，至少也是拖後腿的存在。反送中後對雨傘記憶的新詮釋，到底有多少是人們總結前事反省而出的真摯體會，又有多少是因應當下政治需求所生的策略性說辭？

以我的初步考據，我認為應是後者的多。但這並不是一件壞事，也不代表我要非難人們虛偽；相反，這恰恰反映了香港人在政治上遲來的成熟，我們終於懂得如何相忍為國，也終於懂得如何靈活運用我們手上包括記憶在內的一切資源，與那強大的殖民者周旋。對雨傘記憶詮釋的演變，也代表著我們不同陣營不同世代之間關係的轉變，我們終於對彼此有了同理之心，懂得接納造就彼此思想的時代背景，也懂得包容彼此對香港過去和未來的不同想像。在這方面，我看見身邊不少老前輩是真誠的敞開心胸嘗試理解年輕一輩的想法；而我們作為雨傘世代，亦應更積極地接過這枝世代間的橄欖枝，在要求老一輩聆聽我們聲音的同時，也應反求諸己，嘗試聆聽老一輩的聲音。畢竟只有互相理解的團結，才可能是真正的團結。

即便如此，我依然認為雨傘革命的意義另在別處。一九八九年六月，解放軍進入北京屠城，為無數人劃下最濃稠的一抹血色記憶。一九九七年，天安門上的鮮血尚未乾透，但解放軍已經趕著要在滂沱大雨中進駐香港。進入千禧年代，馬確實照跑，但曾經燈紅酒綠的 Disco 早已絕跡市面，新一代的年輕人大多不懂跳舞。站在舞台上手執麥克風的 Queen 和坐在王座上手執權杖的 Queen 一同遠去，塵封於八十年代的鍍金回憶之中，任憑各方詮釋。中國統治香港已成事實，成長於九七之後的香港人，未曾經歷英治時代，也無法想像一個不須臣服於北京的平行世界。對，我們有〇三年七一大遊行，但那充其量只是對董建華說不，而不是對中共說不；我們的民主運動堅持了三十年，但只是在中國體制之下謀求最大程度的自主和民主，最大不了便是對北京「又傾又砌」。我們早就認命，套黃子華的說法，認我們香港是一條終身做殖民地的命，送走舊日的女皇，再效忠北京的新主，畢竟「講到做殖民地，邊個夠我哋香港叻」？

在如此背景之下，二〇一四年雨傘革命的價值就正正在於學聯金鐘講台上的「命運自主」四字。細心一想，「命運自主」是何其理所當然的公理，又是何其大逆不道的誑言。人生而自由，造物主賦予我們同等的尊嚴、權利、和人性，因而命運自主，自是由造物而出的公理，何須冗言？但香港人要自主命運，即等同要拒絕北京繼續主宰我們的命運，殖民地要拒絕宗主國的安排，那豈不等同造反？在中國接管香港十七年後，我們終於喊出命運自主的口號，便是拒絕認命，拒絕再做殖民地，拒絕任由遠在天邊的殖民者宰制命運；要說是造反，那便不只是造北京的反，也是造香港人自己既定命運的反。俗白說「造反會上癮」，用文雅的說法，是人一旦體驗過自由的滋味，尊嚴的重量，知道人之所以為人的可貴，站起了身，充起了權，對自己昔日的主人說過不，就必定會抗爭到底，再也不會彎下腰去叩頭做唯唯諾諾的奴才。於是，如今雨傘十周年之際，即便新的苦難早已取代雨傘成為香港人不分世代更深刻的痛，雨傘的意義依然不可取替。我們紀念雨傘，不啻於紀念反抗北京，也是紀念我們開始反抗命運；不啻於紀念一次抗爭，也是紀念自它所開展的抗爭時代，一個開始於二〇一四年，壯大於二〇一九年，並且正一直繼續下去，直至在未來成熟結果的抗爭時代。

謹此在十年之後，重洋之外，借此數頁，與各位追憶十年前的那個秋冬，展望不久後將至的春夏。

自
運

公民
抗命
不害怕
不退讓
不妥協
不反抗
不畏懼
不暴力
不放棄

JAEGER-LECOULTRE

Asiaray

你
能抵
我

拒絕沉淪
Right of Pu
Assembl
Shall Not Be I
公眾集會
不得侵
Be Vegetarian
Make Peace

俯拾皆是

CONNAUGHT
PLACE
AND
EDINBURGH
PLACE

SUPPORT STUDENTS
STRONG HK!
加油

JW MARRIOTT
SWIRE
我要真普選
UMBRELLA MOVEMENT
我要真普選
UMBRELLA MOVEMENT
恭賀
大婚之喜
恭賀
大婚之喜

IN FAITH

學生加油
Freedom
wind
rain
stick
風雨
歡迎
LIKE

雨傘廣場
民主路
物資站
Freedom
is not
Free
I ♡
HK
請
脫
鞋
我們

STUART
WEITZMAN
NIKKO

雨傘廣場
PLAZA
和平爭普選

閱後請放回
原處
社區圖書館
Double
PREMIUM BANANAS

抗命不認命
DEMOCRACY NOW
REVOLUTION
WELCOME
TO USE
加油
ADD Oil

勿忘初衷
港加油
港拒絕
WELCOME TO USE
請勿近拍
學生優先使用
STUDENT FIRST
學生優先使用
STUDENT FIRST

為香港未來
請回收
塑膠
樽身
Pet
金屬
Metal
紙材
Paper
玻璃
Glass

從自衛群眾到政治動員
——金鐘防線與香港政治的連結

葉錦龍

香港公民代表會議創會成員，東京大學大學院綜合文化研究科地域文化研究碩士生。二〇二〇至二〇二一年期間，擔任香港中西區區議會民選議員及民間人權陣線副召集人。

二〇一四年雨傘運動前為動漫活動製作人及中日翻譯，雨傘運動期間為金鐘佔領區東防防線副組長，及後公餘期間積極參與公民社會及政治運動，並參與社區公民約章及自決派組織的組成。於二〇一九年反送中運動期間作為義務司儀參與民間人權陣線的活動，並以民主派議員助理身分遊走各抗爭前線。

光陰似箭，雨傘運動到今天已經過去十年。雖然中學時期，也有以參與者身分參與二〇〇三年七一大遊行和天星、皇后碼頭的保衛行動，但是讓筆者更積極投身政治的契機，卻是整整七十九日的雨傘運動。雨傘運動期間的有機性組織、不同政治光譜之間的互動與連結等，都成為筆者對現代香港政治的啟蒙。當時認識的不同夥伴，之後各自在其位置對香港的民主作出貢獻。

承蒙張燦輝教授厚愛，本文希望藉雨傘運動正值一秩之際，回顧一下金鐘夏慤村四防戰士當年的事蹟，為他們的付出留下印記。

金鐘防線的成立

在雨傘運動開始前，筆者只是一個一邊從事日本動漫活動策展人，一邊在網台主持日本動漫文化節目的義務網台主持，對於政治與社會運動的認知，也只是停留於關注天星、皇后碼頭拆卸，和參加七一大遊行而已。

二〇一四年九月二十七日晚上，與網台夥伴完成了直播節目後，我們打算一起到佔領區看一看，順道支持一下努力為香港未來奮鬥的學生。怎料剛過午夜，當戴耀廷宣布「佔領中環，正式啟動」的一瞬間，筆者目睹的卻是在「物資將會全面進場」之前，相當數量的群眾一起離開金鐘。

筆者即時感覺到：「再這樣下去，不到清晨，學生就要被清場了！」同時，也看見了「長毛」梁國雄與他的黨友在金鐘各處遊走，向群眾下跪，希望大家一起留守保護學生。作為比這些學生大一點點的成人，希望保護學生的念頭，令筆者在金鐘留下來，並在翌日經歷了幾乎所有的催淚彈。

二十八日早上，剛嘗過在馬路中心石屎地睡了一晚的初體驗，筆者被學生的「香蕉消費請求」喚醒。學生們收到了市民捐贈的香蕉等食物，但由於香蕉在盛夏容易變壞，加上包括筆者在內的留守群眾，一早起來便已經在警方封鎖線內，為了要快速讓物資站「減磅」，筆者也協助學生消耗了一些食物。

由於已經拉起封鎖線，留守在內的市民已經意識到可能被捕，場內開始有一些被捕支援資訊，筆者也和其他市民一起站在鐵馬最前線，並為自己的手腳包起保鮮紙，戴上口罩，雖然可能沒有甚麼效果，但也盡能力避免警察的胡椒噴霧傷害自己。

到了中午，警方開始攻擊筆者等示威群眾時，雨傘也開始被利用作阻擋警方的警棍及胡椒噴霧的襲擊。在防線外的同一網台戰友（不是某些很熱血的人）也開始在夏慤道行車線上組成人鏈，成功反包圍了警方，也令警方對這些手無寸鐵的示威群眾射出第一發催淚彈。

前線與反包圍群眾會合後，筆者成功與網台友好夥伴會合。夥伴帶來了大聲公（擴音器），讓筆者得以發揮網台主持的技能，通知群眾不同地點的即時資訊，例如在何時何地有警方動員，準備或者已經發射了催淚彈等，讓群眾可以判斷行動方向。尤其是當時有其他網台開始謠傳警方已經「開槍」，令學聯也因此誤會而傳遞了錯誤訊息，更令筆者認為在現場的資訊驗證與傳達更為重要。

一晚過去，當衝突開始緩和，筆者和夥伴一同在金鐘東面與灣仔交界的警察總部後門，與在場警方對峙，並有一些年輕的示威者，以附近工地的水馬封鎖了行車線。可是，完全封鎖行車線會令大家需要後退時有機會受阻而被捕，所以筆者和夥伴開始與年輕示威者們一起修改水馬的布置，這就是「東防」的形成。與此同時，在香港會附近的「西防（或稱一防）」、花園道天橋、金鐘道、龍和道、龍匯道等地點，也有市民留守，形成了最初的防線。

從防破壞到拆大台——防線與大台的關係

在佔領開始的初期，有一些有政黨背景的人士，嘗試在佔領區內組成防線會議，並以之前的防線數量，命名為「七防」。但是由於當時的防線已經收縮，當時的前線地域中四個仍然有實際組織及守衛防線的領袖，決定以當時的防線規模，另行組成「四防」，確立金鐘佔領區保安工作，並與「雙學三子」（學民思潮、學聯、佔中三子）互相聯絡，構成金鐘佔領區的基幹。

四防成員大部分是社會人士，也有部分是學生，屬鬆散組織。許多四防成員都是在佔領區成立時才互相認識，並本著「保護學生」、「以最低武力守護佔領區，讓佔領區內的香港人繼續和平地爭取民主」的精神集結。故此，在某些政治團體最初「拆大台」的訴求出現時，防線成員是積極地保護著俗稱「大台」的佔領區主舞台。但是，及後由於大台的領導層與防線組織之間，對於開放時間讓市民發言的安排等有分歧，防線決定在大台開放部分時段給民眾前，停止以防線之力特別保護大台，並將大台與一般佔領區成員的保護劃一。故此，才發生防線成員拆除大台前原屬於防線設立的圍欄，令公眾有「勇武派拆大台」的錯覺。實質上，防線成員仍然以「保護包括大台在內的佔領區市民」為任，並根據此原則，與「雙學三子」——當時普遍認知上的二〇一四年民主運動／雨傘運動代表、金鐘佔領區的政治領袖，定期就著佔領區內的事務及運動的走向舉行會議。

金鐘佔領到了中段，防線的組成及規模已經基本固定。除了上文提及的領導組織及與雨傘運動政治領袖之間的聯絡外，防線內日間和夜間的守衛、防線之間的互相聯絡、各防線自行組成的後勤物資站、單車巡邏隊等機制，都在佔領期間有機形成。日漸成熟的防線組織，更會不時與在旺角及銅鑼灣佔領區的不同防線團體（例如其骨幹成員後來成立本土派政黨「本土民主前線」的「綠營」等）交流並互相派駐，更會協助佔領區內外不同的組織，協調在佔領區內舉行活動，例如與香港大學的研究生一同舉辦「雨傘民意日」，收集市民意見，並發表關於佔領區內民情的研究報告。

十一月中，有政治團體謠傳「網路廿三條」版權條例修訂於立法會突襲通過，號召衝入立法會。防線成員奮力向群眾闢謠，並於前線「執仔」，避免民眾因此被警方逮捕。

在十一月底雙學討論升級的會議中，由於龍和道地勢險要，易攻難守，防線領袖極力反對於龍和道行動。但奈何防線的經驗未能說服雙學，故此防線領袖唯有公開宣布不會以防線組織參與當時的升級行動。不過眾多的防線成員仍然在不同崗位及前線，以個人身分參與升級，並主動「執仔」保護學生及群眾。

佔領告終，傘落社區

七十九日的佔領告終，防線同日也宣告解散。在防線解散前夕與「雙學三子」的會議上，防線一致表示，假若雙學仍然存在勇武抗爭的意志，希望以守城的姿態，對清場的警察採取較為主動的守護策略，防線仍然會繼續站在學生正面守護學生。但如雙學決定以和平方式拱手讓警方拘捕，防線亦會成全，主動全面撤出。由於「雙學三子」均選擇了在不反抗下和平地被警方拘捕，故四防全體也決定「齊上齊落」，於清場當日早上十時準時撤出佔領區，完結了防線的佔領。

雨傘運動完畢後，各個防線的組織中希望繼續政治路線上抗爭者，為了延續雨傘運動的精神，有的成立組織，例如曾經出現過的防線義工組織「拾念」，地區政治組織則有由筆者及東防領袖劉偉德成立的「西環飛躍動力」，另外「東涌人」也有防線人的蹤影。有些防線人則選擇了加入政黨，例如「社會民主連線」、「公民黨」等。及後，也有防線人與泛民主派中的地區進步派一同發起「社區公民約章」，嘗試以共同綱領，凝聚在地區上認同雨傘運動期間社區鄰里互助的夥伴，一同推進可持續發展的社區自理、治理模式。相同的理念，在二〇一五年區議會選舉後，在「西柚辦公室」的成立約章中延續。

二〇一五年區議會選舉後，仍然會積極參與政治事務的防線成員們，為了繼續推進香港的民主發展，除了發展地區組織外，亦嘗試與其他理念相近的進步民主派組成聯盟或黨派，以推進政治路線。在這個背景成立的是「香港列陣」——一個由於內部政策路線分歧，而未能成功組黨的自決派政黨。香港列陣曾經與同為自決派政黨的香港眾志，在雙方成立後組成聯盟「眾志列陣」的計劃，可是由於列陣未能正式成立，聯盟未能成事。但是因而結下的關係，在選舉後仍然持續，並在議會內繼續不同的合作。大部分原定出選的列陣成員，仍然以獨立候選人身分參選二〇一六年立法會選舉，並成功當選，不過部分當選的前列陣成員在之後的宣誓風波中，因為人大強行釋法下被裁定宣誓失效，而被非法褫奪議席。

防線與反送中

二〇一九年，由於香港政府強行推進逃犯條例修訂，香港爆發了前所未有的大規模示威。延續了接近一年的和平及勇武抗爭，除了團結香港人，也建構了香港公民的集體認同，及提高了對勇武抗爭的主流接受程度。在反送中運動中的不同示威行動，防線成員的身影也遍布各處。

除了在前線繼續「執仔」的防線人，也有在衝突前線及後勤哨兵等崗位貢獻經驗及策略的防線人。也有一些防線人成立了網上媒體，以記者身分在第一線報道衝突狀況。當年在煲底練習的「一、二、一、二」、「第一排、第二排」，就如日常般在各大示威現場響徹天際。

也有一些防線人繼續在政治場面中活躍，包括但不限於泛民主派組織如「民間人權陣線」等。如時任民陣副召集人陳皓桓，便是一防出身的防線人；香港獨立聯盟召集人陳家駒和二〇一九年當選的前離島區議會議員王進洋，也曾經是東防成員之一。他們都在反送中運動後，繼續在政治舞台上為香港的民主，就著自己的政治取向，作出過不同的努力。

展望未來

雖然今日在強權打壓下，香港人被逼各散四方，或留在香港忍辱負重，但筆者相信有散必有聚。只要我們堅守信念，繼續以不同的方式守護我們所堅信的價值，以抵抗極權及取回屬於我們的香港，必定能有重聚的一天。縱使某些兄弟已未能在今生再聚，但筆者相信他們的精神必定與我們長存，並在煲底下等待我們能一起高歌「今天我」，暢談當年往事。

謹藉此文悼念四防領袖之一，東防組長劉偉德（Ed Lau／大舊），及一眾失去生命的佚名防線弟兄。

一個老傘兵的回憶

杜嘉倫

一直從事資訊科技行業，二〇一五年以傘後組織「香港基督徒社關團契」身分首次參加區議會選舉，一舉擊敗有三十年議員資歷的建制派對手，並於二〇一九年成功連任。二〇二一年拒絕宣誓而辭職，現居英國。

每當黃昏時候，當公司同事放下疲倦的身軀，收拾桌面準備回家，又或者約好了三五知己飯聚，而我就踏上每晚的路程，從香港東區直達金鐘，可能先去KFC吃點東西，然後踏上義工手造的獨木橋，跨過交通安全路障，走進了雨傘大小村莊。迎面而來的，有一些熟悉的面孔，更多是數不盡不認識的面孔，而大家都有共同目標。男女老少都各有自己的崗位，或是坐著談談天說說地，或是靜靜的溫習，或是高談闊論如何將雨傘運動推到另一個高峰，各有堅持，熱烈討論，甚至面紅耳熱地爭拗。穿過這些村民，我就跑進了所屬團體「基督徒社關團契心靈加油站」（後簡稱的「社關團契」）帳幕，在那裡有彼此熟稔的信徒肢體，打個招呼就坐下來，我們通常說話不多，但大家心裏裡明白為甚麼在這裡，為甚麼經過一日的辛勞工作，依然要拖著疲乏的身軀趕到現場，因為我們都有堅定的信念，要為香港——我們所愛的香港，付上一分力，就這樣經過了一個又一個的晚上。

處身於「佔領區」不起眼的一個角落，背景是五光十色的中環金融中心，對岸更有九龍尖沙咀燦爛霓虹燈照耀。在這個環境之下，遇上不同背景的人，有外國人、中國人、當然更多的是香港人，當中有同樣宗教信仰的，就會互相分享、分擔、禱告，為彼此禱告，為香港禱告，為中國大陸禱告。我亦遇過不少沒有信仰的村民，問我從信仰角度如何看這時勢。印象深的，是有人痛哭流淚，將肺腑中的鬱結情緒都發洩出來當作療傷，我們同問為何這政府如此麻木不仁，如此張狂，如此荒謬、荒誕、荒唐。究竟最終政改方案、雙普選願望可以實現嗎？民主制度會實踐嗎？自由可以得到保障嗎？公義、公平、公正會臨到香港這個小島嗎？

轉眼十年，回頭望，真唏噓！尤其我們這種已經離開熟悉故鄉，身處異地生活的香港人。每一次遊行集會，印象雖然深，但有時候卻又遺忘時序、細節，回憶疑幻疑真，朦朦朧朧，腦海裡總有熟悉的街道、旗幟、口號、訴求；熟悉的連儂牆、熟悉的人面，仍在腦海中如幻燈片一一浮現，但願種種不會被年日從記憶中奪去。

每次談到雨傘運動，就不得不提我們是被一班學民思潮的青少年人喚醒的。當年香港政府教育局想蒙混過關修改課程，妄想將國民教育靜靜的編入教育課程裡，從中小學開始思想改造，原先廣大市民都不甚了解，突然間被學民思潮少年人喚醒了！後來，各方市場都關注洗腦教育，特別是家長們的抗議最激烈，印象最清晰的一幅抗議橫額寫的就是「唔好搞我細路」！當年行政長官及教育局局長「唔得掂」（吳克儉）面對公眾的嘴臉，我們至今都記得一清二楚，尤其局長思想混淆、言詞不通、支吾以對、言論互相矛盾，令公眾嘆息為何公職人員水平如此低劣，這正正就是缺乏民主制度監察導至任人唯親的必然惡果，拙劣程度超乎想像。但魔咒只是初試啼聲，低處未見低，還看後來者、未來事。

那幾年間，香港市民高呼要求政府落實基本法，兌現香港民主政制發展承諾，即是行政長官和立法會議員「雙普選」，但政府充耳不聞。多年來市民不斷上街抗議，換來人大「八三一」落閘決議，第四任行政長官繼續經選舉委員會產生，而且參選人要取得過半數提名委員會委員支持才能取得候選人資格，沒有公民提名、政黨提名。這直接剝削了香港人對一人一票選特首，及立法會全部議席由普選產生的期望，也剝削了每個公民的提名權和參選權。「落三閘」激化矛盾，中央政府及香港政府直接違反基本法所賦予香港人的政治權力，泱泱大國全無誠信可言，把原來白紙黑字寫好的一國兩制送進墳墓，而英治傳統百年訓練出來的香港公務員系統完全被破壞殆盡，法治精神、問責精神完全一筆勾銷。莫名憤怒激發出佔領中環、雨傘運動，也同時間使香港人以至全世界看清楚中國共產黨的真實面貌：以謊言奪國、立國、治國。從雨傘運動開始，香港人真的醒覺了！

有人愛形容雨傘運動中的佔領區：金鐘、銅鑼灣、旺角，是個烏托邦，我卻認為是太理想化的描述。我既看到有香港人醒覺，身體力行實踐公民社會理念，但同時也看到不太理想的情況出現，更有罪惡，包括偷呃拐騙，包括無限的自我膨脹，包括拆大台，包括啟動解散學聯。有人爭取空間表達自己，忘記彼此尊重。但相比起大部分人珍惜這個自由空間，各抒己見，認定共同目標，為廣大市民爭取基本法條文明訂給予香港人的權利，瑕不掩瑜，凡此種種又算得上甚麼？

我一直從事資訊科技行業，與大多數香港人一樣，營營役役，早出晚歸，對身邊事情尤其是政治，不會十分關注，雖然講不上是政治冷感，但總覺得政治事情留給辦政治的人吧！廣東話有句「船到橋頭自然直」，一直抱著順其自然的念頭生活，雖然有時候見到不公平的事會憤怒，罵幾句，但轉過頭來生活依然。畢竟生活擔子十分沉重，而且有甚麼比得上「日頭猛做，到晚上飲杯輕鬆下」更好呢？有甚麼比假期去旅行更值得關心呢？有甚麼比升職加薪更加重要呢？有甚麼比年年換大屋、歲歲換新車更加吸引人？我只是一個普通的香港人，但正如好多好多普通香港人一樣，我們的良知就在遇上大事大非時被喚醒。我們這一代人，往往是被八九六四屠城事件驚醒，我們曾經憤怒、悲哀、嘆息，但慢慢沉寂，而然我們沒有忘記，沒有埋沒良心，良知時常提醒我們當政權肆虐時，當政權愚弄我們時，就要再次站起來反抗。雨傘運動，正是又一個篇章。

雨傘運動最無容置疑的影響，就是為香港帶來「傘落社區」的信念。當年與戰友討論時，每每提及如何將雨傘運動延續下去，畢竟不可能長年累月地佔領，「傘落社區」的想法就開始萌生，要在公民社會繼續將理念和理想發揚光大。當然隨之而來是一大堆問題：如何行使公民責任？如何建設更理想的香港？如何使每一個香港市民參與建設？……而其中一個進路，就是重奪議會，無論是立法會，或是處理地區事務的區議會，裡面都必須要有強大的民主聲音，讓民主力量深入每一個社區。雖然這個想法並不陌生，但是經過雨傘運動後，這個目標就來得更確切和迫切。

二〇一五年開始，我一直在社區鼓勵年輕專業人士，尤其是有心參與社區服務的，透過參選改變社會狀況，可惜一直未有朋友願意「落水」，畢竟大家都沒有從政經驗，突然要將自己放在公眾的眼光注視下，實在困難。經過一段長時間呼籲，仍然沒有人願意參選，社區內相熟的朋友越來越焦急，直至區議會報名參選截止前一晚，報名表格依然冷冷清清的放在家中桌上，如果沒有人願意走出這一步，當區的建制派區議員又會自動當選。那一刻，我看著那份表格，心裡掙扎，問太太會否支持或反對我報名參選。太太反問我：「既然沒有人願意參選，如果你也不報名，將來會後悔嗎？」我的答案是肯定的，參選不代表會當選，而且新丁勝算更低，但如果不踏出這一步，讓建制對手不戰而勝，必定後悔莫及。就在那一個截止前的深夜，我拿起筆來填寫表格，就此改變了後來人生路徑。

報名參選，可以說是簡單的。當晚及翌日早上，已獲得區內朋友和街坊足夠提名，過程順利。但參選資格正式獲確認後，那幾個星期就真的不簡單了。每天清晨和黃昏晚，走到大街上接觸街坊，介紹自己和想法，盡力解答問題和質疑等等，助選團就是家人和少數朋友，還要兼顧日常工作，可說是身心疲累。

說真的，當時沒有想過當選與否的問題，只知道要盡力投入，令更多人珍惜手上的一票。二〇一六那屆的區選，因為「傘兵」令十八區的選情都較以往熱烈，結果淩晨時分獲悉當選的一刻，在場朋友都雀躍高興，唯有太太、兒子、一個相識多年的拍檔及自己面面相覷，不知是喜還是憂，亦有一點疑幻疑真的感覺。喜，是因為目標達成把建制對手拉下馬；憂，是缺乏經驗擔心未能做好議員的職份（當然更沒有想過幾年後港共政府可以橫蠻無理撕毀國際公約、推翻雙普選承諾，最終於要離開家園，自我放逐，那是後話了）。

當年「社關團契」共有五名團友在不同社區報名參選，只有我較幸運當選，能夠在自己居住位於郊區的大型屋苑選區勝出。我想，自己在當區居住多年，對社區內的情況比較熟悉了解，能與居民談論當區問題，以至就整個大西北及香港事務交流意見，這點確實與一些「空降」的朋友不同。更重要原因，是大多數香港人不再信任政府，要用選票表達不滿。（四年後的區議會選舉更加清晰，二〇二〇年民主派取得各區議會絕大多數議席，換來政府更橫蠻手段來消滅議會。）

這幾年，不少朋友互相鼓勵同路人要多寫多記錄，雖然從小視寫文章為苦差，但無論寫得是好是壞，總算多一把聲音、多一個保留歷史真相的機會。雖然眼下所見的都是令人沮喪、唏噓、憤怒的事情，香港的政制大幅倒退，民主派被拘捕，被扣押，被監禁，被驅逐，港府以共產黨一貫方式治港；但我更相信民主、自由、法治理念已經深入民心，我仍相信總有一天唏噓會變為讚嘆，憤怒變為歡笑，沮喪變為互勉。

我仍相信同路人的一句說話：「不是有希望才堅持，而是堅持才有希望！」

夏慤道最美的風景

黃國才

黃國才博士（Kacey），曾任教於臺灣國立清華大學、香港理工大學設計學院及中文大學藝術系。藝術作品探討人與社會及政治生活空間的關係，手法多元包括雕塑、裝置、攝影及行為藝術。二〇一〇年獲香港藝術發展局年度藝術家獎，二〇一二年獲香港藝術館香港當代藝術獎，二〇〇三年香港藝術新進獎及優秀藝術教育獎。其作品受M+博物館、香港藝術館、及香港文化博物館永久收藏。二〇二一年追求藝術表達自由告別香港流亡到臺灣，並在台中設立藝術工作室。

雨傘運動是如何在夏慤道上開始的？或許，每個人的答案都不一樣。對我而言，運動的開端，是藝術家在天橋公路牌上危坐的身影，是抗爭者奮不顧身衝出馬路，以血肉之軀阻擋行駛中的車輛。這場長達七十九天的佔領行動，就此拉開了序幕。

面對因為佔領行動而忽然釋放的大量公共空間，那些平時對土地十分敏感的抗爭者，最初表現得無所適從。畢竟，他們過去對公共空間的經驗，僅限於康文署轄下的公園，或是漁護署的郊野公園，而這兩種公共空間的管理都十分嚴格。人們在金鐘、旺角、銅鑼灣這三個佔領區，開始探索公共空間的無限可能。

被佔領的夏慤道，顛覆了原有的功能與法規，成了香港前所未見的、真正開放的公共空間。學生席地而坐，在路燈下讀書溫習，啟發建築師朋友帶領設計系學生建造了金鐘自修室 1.0 版，變為金鐘佔領區的其中一個地標。

公共空間的出現，也顛覆了人們對抗爭的認知。以往數小時的抗議遊行，如今竟可以延續數天、數周、甚至數月。去功能化的空間，凝聚了人與物資，設計師、藝術家、舞者、教育者在此發揮創意。各式各樣的工作坊、流動民主教室、自修室等如雨後春筍般湧現。街頭成了希臘廣場，港版的亞里士多德、畢加索在此交流思想、創作藝術。攝影師則用鏡頭記錄下這些美麗的人民風景。

這段由下而上、集體創作的公共空間經驗，是我對雨傘運動最懷念的時光。人們無私地學習、分享。如果整個運動只能帶走一樣東西，我希望可以永遠保留這種每個人無私地，各自出一分力的精神。這是我對這場革命回憶中最美麗的風景。

讓香港在浴火中重生

楊寶熙

一九七〇年受馬克思主義及無政府主義前輩的啟蒙，接著經歷香港學運火紅年代的親共思想，及後迷惘在中國四人幫倒台後的政局之中，唯有寄情教育事業。成為兩個孩子的媽媽之後轉投社區工作，學習環保、投身可持續農業、社區經濟等項目。二〇〇〇年開始接觸佛學、學習能量治療。二〇一二年的反國民教育運動中，重新參與社會運動。二〇二〇年底以投資移民身分到臺灣，開設小店「慢慢走自在生活」。二〇二四年結束小店，移居英國。

二〇二四年，傘運十周年、反送中五周年。

在臺灣的時候，很多臺灣人問為甚麼有那麼多香港人參與這兩場運動？我說，這兩場運動不是從石頭爆出來的，而是很多不同抗爭累積而成。

除了自一九八九年之後每年的六四燭光晚會，一九九七年之後每年的七一遊行之外，遠的不說，就從二〇〇三年五十萬人遊行反對廿三條開始，比較深刻的，我們經歷了二〇〇五年反世貿反全球化示威（向韓農取經學習）、二〇〇六年天星皇后保育運動、二〇〇九年保衛菜園村反高鐵、二〇一二年反國教、二〇一三年HKTV免費電視牌照發牌及貨櫃碼頭工人工潮，才發展到二〇一四年的傘運。然後是那幾年間的反東北發展、佔中三子及學聯三子的被捕受審等抗議、二〇一六年的旺角警民衝突（即魚蛋革命）、反對人大釋法、釋放劉曉波然後是追悼遊行……，還有十多年間的區議會及立法會選舉，特別是二〇一五及一六年（每一場選舉都是追求和爭取民主自由公平公正社會的試煉）。然後才出現澎湃的二〇一九年反送中，光復香港時代革命。

傘運之後不久，有些人開始提出：究竟這場運動是不是真的失敗了？

我當時的想法是，運動的雙普選訴求沒有達到，從這角度當然是失敗的。但我們有很多的得著，其中之一是公民社會的發展，真的做到了公民意識深入民心、傘／散落社區。

傘運期間或者結束之後，很多大大小小的組織出現了。政黨性質的如本土民主前線、香港眾志等故然不在話下，其他有正式註冊成為慈善團體（NGO），或者只是登記為社團的、甚至簡單地幾個相熟朋友組成的小組，如雨後春筍。當中有地區性的（如大埔社區學堂），也有全港性的（如綠活地圖）；有政治的（如未來民主大學），有多元的（如流動共學課室），有文化的（如社區電影放映），也有專題的（如不是垃圾站）；更有工會、媒體；還有開辦非一般的書店、咖啡室（如生活書社、Brew Note）等等，用不同的形式和面貌走進社區和群眾。這些組織的出現，不單提高了香港民眾的政治意識、保衛人權法治的決心等公民質素；深化香港人的身分認同、本土意識等，也團結了不同階層、不同行業、不同光譜支持民主政制的朋友。「兄弟爬山，各自努力」的共識那時已經開始形成。（不過，我始終認為這句說話應該是「兄弟爬山，交替補位，互相掩護」。）

同時，專制政權越來越嚴厲的打壓，引起了香港人越來越大的反感和憤怒，抗議遊行不斷。追究李旺陽被自殺事件、銅鑼灣書店事件、追悼劉曉波、抗議人大釋法、抗議褫奪（DQ）立法會選舉候選人資格、抗議DQ立法會議員……。各種大大小小，不同議題的遊行抗爭，二〇一四年之後愈見頻密和壯大。

傘運的失敗引起了很多爭議和思考。無論是二〇一五年的大專界學生會退出學聯組織、如何悼念甚至應否悼念六四、民主回歸派與本土派的對立等，雖然引起很多分歧或者派系間互相的不滿和攻擊，但同時加強了普遍香港人爭取民主政制和基本人權的決心。可以說，傘運的失敗多多少少成為了二〇一九年反送中運動的群眾基礎，和建立了對堅持民主公義、追求自由法治信念的磐石。

同樣，反送中的不成功，雖然帶來對香港人很多不能磨滅的傷痛、不少生命的消逝，但這些犧牲不會是白白的付出。

希望每位留港及離港的朋友，各自在自己崗位上發光發熱。讓我們看見彼此，互相關懷和扶持，同心同德，讓香港在浴火中重生。

我愛♡香港
堅守
雨傘廣
If you want Peace work for

7-ELEVEN

勿忘初衷
辭職公投 人民抬頭
689你早抖
928我唔走
落磊明光
香港政府：
私人銀行
若干產品
遍地開花

堅守
決不認命

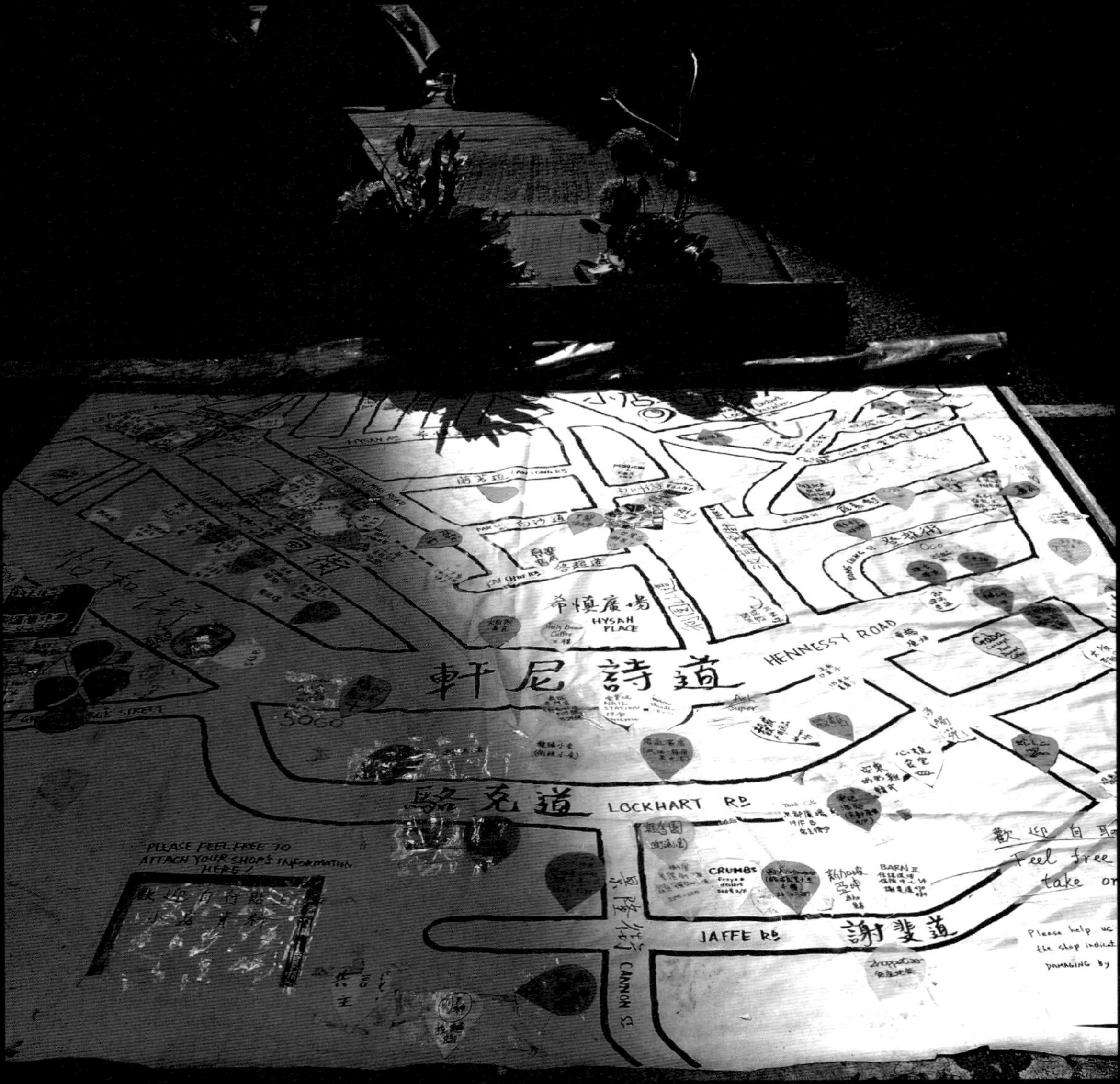
軒尼詩道
HENNESSY ROAD
希慎廣場
HYSAN PLACE
SOGO
駱克道
LOCKHART RD
JAFFE RD
謝斐道
CANNON ST
CRUMBS
PLEASE FEEL FREE TO ATTACH YOUR SHOP'S INFORMATION HERE

年華不負

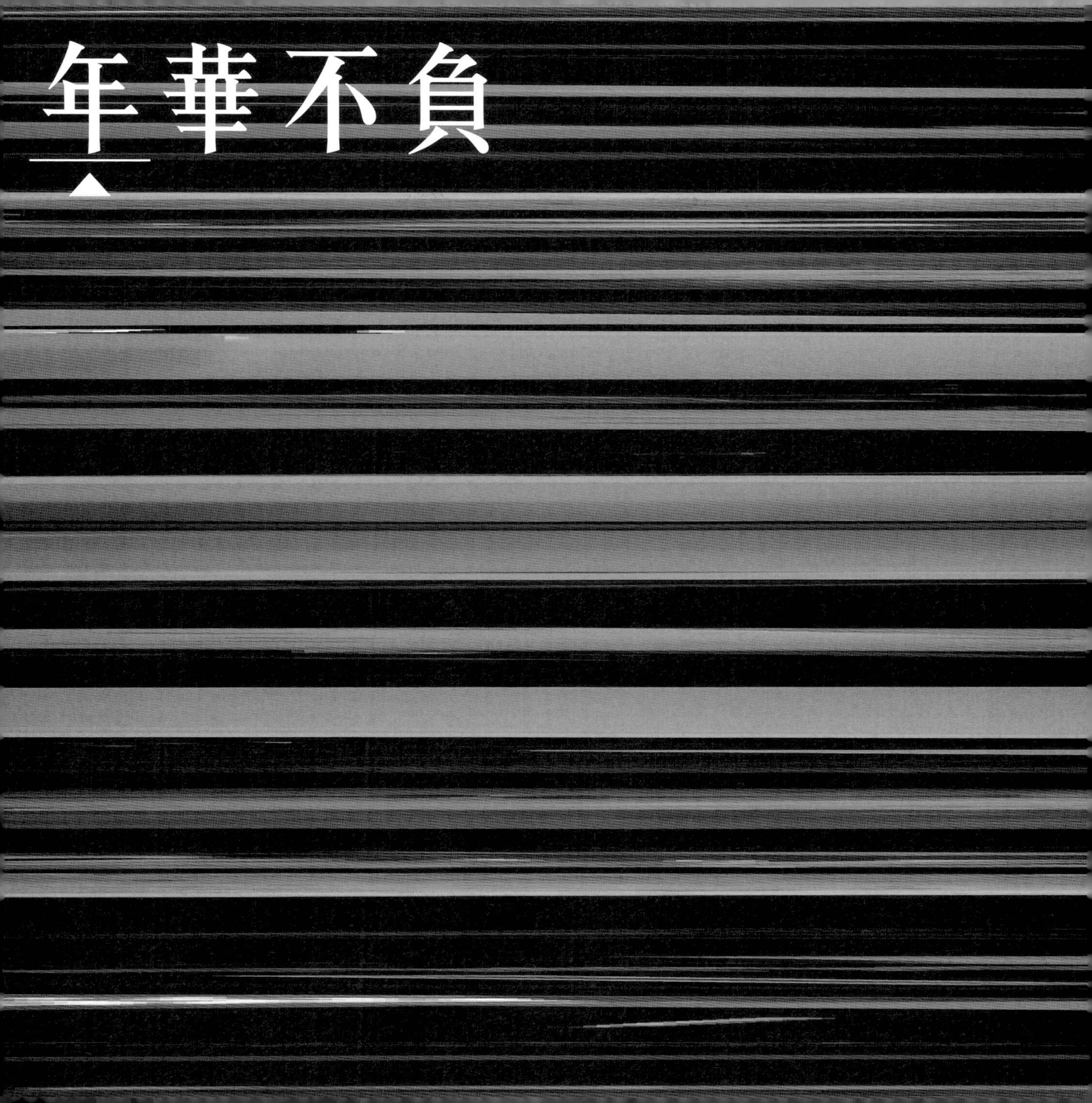

CALM
AND
堅持
ALERT
為民主
謝謝您

香港人 打不死
雨傘革命
被人侵犯
學聯 不 代表我
我要真普選
大家 保持 冷靜
Keep Calm and Carry on!
SOME PEOPLE JUST NEED A HIGH-FIVE
Umbrella
689
689 → 4

而回答祇能是：
民主，正如自由、正義
以及其它社會政治權利一樣，
不是「給予」的，
而是通過勇敢、堅定及獻身掙來的。
Make Peace
真普選
CAUTION
小心
若是人生錯過這一晚
怕再沒機會任意呼喊
感恩頌
喚醒
良知
幹
公民
提名
We Are All In
The Gutter
But
Some Of Us Are
Looking At The
Stars

為了孩子和平絕食
無聲長站願您覺醒
我要真普選
年輕人的不滿
!! WANTED !!
UMBRELLA REVOLUTION
Who you gonna Fxxx?
Support Umbrella Revolution
GROSSBASTARD
堅持到底!
Fight for Democracy
God bless HK

HK NEVER
My heart be with you all. This is Hong Kong
香港人 撐 香港人
KEEP HOLDING ON!!

KEEP IT
NEVER GIVE UP
STAND FOR WHAT'S RIGHT
EVEN IF YOU
STAND ALONE
Umbrella Revolution

ICT Awards 創意先行！音樂軟件奪年度大獎
Symantec NetBackup 7.6

PROUD
TO
BE
I ♥ HK
THEY
CAN'T
KILL US
ALL.
仍然倔強冒險
一一去征討
#UMBRELLAREVOLUTION
1500mlx12支

Not a PartY
Is a Protest!
這不是景點
也不是嘉年華

跨越時代與界線的同理心

阿古智子

一九七一年日本大阪府出生，大阪外國語大學中文系畢業，名古屋大學國際開發研究科碩士，香港大學教育學系博士。在駐中國日本大使館利民工程部門負責各種扶貧項目後，回到日本成為大學教師。現為東京大學綜合文化研究院教授，主要研究現代中國的社會變遷。二〇一九年反送中運動勢頭強勁，出版社編輯敦促下前往香港，採訪站在不同位置的人，寫了《香港何去何從》，由臺灣的玉山社於二〇二二年出版中文版，並列入臺灣文化部第四十五次中小學生讀物選介。

〈讓我們一起走向巔峰〉

有一首日本流行曲叫〈讓我們一起走向巔峰 Ue wo Muite Arukou〉。一九六二年，英國克西蘭爵士樂小號手肯尼·鮑爾（Kenny Ball）與他的樂隊發表這首歌曲的演奏版本，並改名〈SUKIYAKI〉，旋即登上英國排行榜第十位。一九六三年六月十五日，〈SUKIYAKI〉登上美國《Billboard》雜誌當周 Hot100

排行榜第一名，並成為該雜誌一九六三年年度排名第十。據說，肯尼．鮑爾不明白 SUKIYAKI 的日文含義，之所以選擇這個名字，是因為「簽約時我們在日本晚餐時吃的『壽喜燒』是一種令人難忘的食物。」

演唱這首歌的坂本九是日本當紅歌手、演員，但在一九八五年八月十二日的日本航空事故中喪生，年僅四十三歲。當日本人聽到這首歌時，他們會想到坂本九，並鼓勵「即使在困難時期也要向前看，活得光明」。然而，填詞的永六輔表示：「這是一首關於一九六〇年安保鬥爭挫折而哭泣的歌曲，所以我認為唱這首歌並受到鼓勵是錯誤的。」

安保鬥爭的開始

安保鬥爭是指一九五九年至一九六〇年、一九七〇年兩次在日本舉行的反對締結日美《新安保條約》（安保修改）的鬥爭。參加大規模示威活動的包括國會議員、工人、學生、公民以及反對安保修改的左翼和新左派活動人士。執政的自民黨和其他政黨有時稱之為「安保騷亂」。

戰後日本人民和日本社會是如何走過來的？我想在這裡稍微總結一下它的歷史。一九五一年九月，日本簽署《舊金山和約》，七個月後獨立。簽署五小時後，日本首相吉田茂前往美軍基地簽署日美安保條約。吉田這樣說：「我的信念是，一旦日本重新獲得自由和獨立，就必須承擔保衛自己的責任。不幸的是，日本完全沒有準備好保衛自己。」

日美安保條約對日本來說顯然是不平等的。協議規定，即使日本獨立後，美軍仍將繼續駐紮在日本，美軍沒有任何保衛日本的義務。日本政界人士擔心，如果成為條約的簽署國，他們的政治生涯將會受到損害。簽約的台上，美國那邊有四個人，日本這邊只有吉田一個人。

從砂川事件到六〇年安保鬥爭

當時，日本社會正處於韓戰的特殊需求中，民眾對日美安保條約興趣不大。然而，一九五五年一篇有關美軍的文章，令事件發生變化。隨著位於東京都北多摩郡砂川町（現立川市）附近的立川空軍基地擴建，日本政府依照美軍的擴建要求，強制調查徵用居民土地。當地居民強烈反對，認為建造新跑道會將城市切割成兩半。換句話說，這是一件證實了日美安保條約不平等性的事件，並導致一九六〇年安保鬥爭發展成全國參與。

一九五七年十二月，以締結日美安保條約為目標的岸信介就任首相。岸信介首相表示：「日本不是被盟軍佔領，而是被美國佔領。我們必須與美國進行談判，將其修改為平等的安全條約。」但人們用懷疑的目光看著岸信介政府。

岸信介在二戰時的東條內閣中擔任商工大臣，也是《大東亞戰爭宣言》的簽署人之一。在民間，岸信介是眾所周知的工業控制實務者。戰爭失敗後，他因涉嫌永久戰犯而被捕，但指控後來被撤銷，出獄八年多後他就升任總理。日本社會黨的淺沼稻二郎在國會中強調一個問題：「我擔心岸信介內閣的出現，會讓強權政治重新回到我國。」

「現代英雄」是非法的

岸信介的目標是修改日美安保條約，明確規定相互合作：「美國有義務保衛日本和美國。如果駐日美軍受到攻擊，自衛隊將保衛他們。」

「全學聯」（全日本學生自治會總聯合）最早對安全保障修正案表示反對。童年時期對戰爭有深刻記憶的全學聯年輕成員，進入青春期後，對社會變革的理想充滿熱情，並將精力轉向阻止國家安保條約的修改。全學聯擁有壓倒性魅力的人物，他是北海道大學二年級的唐牛健太郎，個性樸實無華，深受大家喜歡。

一九六〇年一月，全學聯佔領羽田機場大廳，阻止岸信介首相訪美。唐牛和他的團隊把自己關在機場的餐廳裡，警視廳遲遲才調集防暴警察趕往羽田機場。深夜，防暴警察開始驅散學生，並使用武力將他們帶到外面，包括唐牛在內的七十六人被捕。在場一名女學生接受媒體採訪時表示：「唐牛委員長的領導能力確實令人欽佩。」唐牛是「現代英雄」——非法的現代英雄。

強制投票新安保條約

一九六〇年一月十九日，岸信介赴美國簽署《新安保條約》。該條約原本應在日本和美國國會協商後生效。然而，日本國會執政黨和在野黨之間對於軍事行動範圍上存在分歧。日美安全保障範圍是否包括北千島群島和北韓？首相的回應含糊其辭。在這種情況下，學生們再次聚集在一起，唐牛帶頭，站在被封鎖的裝甲車前，向學生喊道。學生們受到了他的發言啟發，紛紛跳向警察的防線，手無寸鐵地與警察發生衝突。唐牛等人再次被逮捕。

國會內，岸信介總理決定強制投票，社會黨成員用身體阻止，宣布緊急狀態，警察被召集到國會，該條約最終付諸表決。

如果法案在眾議院獲得通過，即使參議院不進行表決，該法案也會在三十天後自動獲得批准。公眾的憤怒沸騰了，人們高喊在國會使用警察力量是「民主的破壞」。剩下的唯一選擇，就是迫使國會解散，讓《安保條約》自動消失。

電影明星和演員都參加了反對安保條約的簽名活動，購物街的老闆們把商店關上，騎著商用摩托車遊行，醫生和護士也來到示威遊行地點作好準備。全國五百六十萬人罷工，要求岸信介辭職，交通系統陷入癱瘓。

多數輿論表示理解反對安保條約活動。距離該條約自動批准僅剩四天，人們包圍了國會。七千名全學聯學生試圖衝擊國會，唐牛仍被警方拘留。阻擋全學聯的是被稱為「惡魔第四」的第四防暴警察部隊。許多學生受了重傷，最終有參與者喪生，包括東京大學文學院四年級學生樺美智子，她的父親接受媒體採訪時表示：「她說過唐牛君是一位出色的領導者，所以很遺憾示威當天他在監獄，未能負責。」岸信介首相則表示：「只要安保條約得到批准，我不在乎被殺。」

一九六〇年六月十九日，該條約自動獲得批准。四天後，岸信介宣布辭職。《新安保條約》的有效期限為十年。

一九六〇年代的安保鬥爭成為戰後最大的國民運動，卻以如此悲慘的方式結束。回顧那些日子，永六輔說：「我寫《讓我們一起走向巔峰》的歌詞，我有不該哭了，但忍不住哭了的感覺。」

社會運動變得暴力

一九六四年十一月，岸信介的弟弟佐藤榮作就任首相。三個月後，越南共和國政變，政治季節又開始了，外界對日本是越戰共謀的批評越來越多。

一九七〇年處於安保鬥爭最前線的人，是戰後出生的嬰兒潮世代。這一次，年輕人不再手無寸鐵，而是帶著頭盔和棍棒。年輕人發起了一場運動，要求廢除即將十年期屆滿的安保條約。新宿車站廣場經常舉行抗議越戰和安保條約的活動。不僅是活動人士，那些被稱為「非政治」的年輕人也開始參與其中。一九六八年十月二十一日，新宿爆發騷亂，導致多達七百人被捕。被稱為「新左翼」的學生衝進車站，攔截一輛美軍加油車，一般民眾也加入，人群增至數萬人，並升級為包括投擲石塊和縱火的騷亂。

在東京大學，主張大學改革的學生組織了東京大學全共鬥，與大學當局發生衝突。新左翼加入了他們，令活動變得更加激進，佔領了安田禮堂。校園內學生活動人士之間開始發生權力鬥爭，導致暴力衝突和升級。一些普通學生甚至離開了東京大學全共鬥。

一九六九年一月十八日，八千五百名防暴警察集體進入大學校園，應大學要求，防暴警察開始解除學生對安田禮堂的封鎖。大約六百名學生留守在校園內不同據點，投擲石塊、燃燒瓶和汽油、石灰、硫酸等其他危險物品來回應防暴警察的催淚瓦斯和高壓水槍。有不少學生受傷，有人眼睛被催淚瓦斯直接擊中，導致失明。被稱為「焦糖媽媽」的母親們分發焦糖，並抗議孩子們的暴力行為。

不同位置的年輕人

小說《你如何生活？》的作者吉野源三郎，在電視上看到防暴警察襲擊事件時就有這種感覺：「令我痛苦的是，防暴警察中的年輕人，和向他們投擲石塊的學生，都是日本年輕人。防暴警察中的年輕人比東京大學的學生更屬於下層階級。學生們現在投擲石塊和汽油彈，揮舞棍棒，攻擊並傷害下層階級的年輕人。學生聲稱要對抗的權力結構卻絲毫沒有動搖。電視評論顯示出令人痛苦的諷刺。」

一月十九日，防暴警察衝破安田講堂，將躲藏的三百七十六名學生全數逮捕。部分新左翼變得更激進化，一九七二年二月，聯合紅軍成員在輕井澤淺間山莊設置路障，劫持人質，槍擊事件造成三人死亡，包括兩名警察。從被捕者的供述中發現，成員之間有私刑，並導致十二人死亡。這次事件之後，新左翼運動在日本社會被徹底拋棄。

作者立松和平這樣說：「我們身上的浪漫主義消失得無影無蹤，那些私刑總是像惡夢一樣回到我們身邊。那次事件絕不是我們這一代的象徵，但給我們的世代蒙上了陰影。我們曾經嚮往的烏托邦並不存在。」

東京大學鬥爭一年後的一九七〇年，日本舉辦了世界博覽會。安保條約自動延長，年輕人的熱情也冷卻下來。即將畢業的大學生正在把棍子換成鉛筆，參加了就業考試。學生們剪掉了長髮，若無其事地成為了企業界的一員。

曾是全學聯鬥志的唐牛健太郎，多次被捕後遭到北海道大學開除，並退出學生運動。他沒有像其他年輕人一樣成為企業職員，而是繼續從事酒吧老闆等體力勞動工作，然後成為一名漁民。唐牛一直過著默默無聞的生活，直到四十七歲去世。

兩場安保鬥爭給日本留下了甚麼？此後，日美安保條約繼續自動延期至今。

雨傘運動十周年

今年是二〇一四年香港雨傘運動爆發十周年。那次運動以年輕人為主，許多公民走上街頭，成為一九八九年天安門事件以來中共管轄地區最大規模要求民主的示威活動，引起了全世界的關注。

雨傘運動的直接導火線是二〇一四年八月三十一日全國人大常委會決定改革香港特首選舉，候選人人數定為二至三人，每位候選人需獲得提名委員會多數成員的支持。此外，同年六月的《一國兩制》白皮書強調，行政長官只能是「愛國者」，實際上排除了民主派。在此之前，香港人一直試圖透過討論、協商、妥協來實現民主，但八月三十一日之後，許多人感覺到要走的路被切斷了。此後，香港的社會運動變得更加激進。

「一國兩制」的概念包含矛盾的。最初的想法是香港由香港人統治，並保證高度自治，實行兩種不同的制度：一方面是一黨獨裁，另一方面是自由民主。原以為中國和香港不會互相干涉，但香港回歸後，香港的公民社會更加成熟，對民主的渴望更加強烈，而中國政府卻變得越來越保守和獨裁。

作為政府最高官員的香港特首，不是由香港公民普選產生的，所以民主合法性得不到保障。因此，香港政府如果沒有足夠的市民支持，就無法維持其威信。行政長官無法解決香港社會的衝突，尤其令年輕人感到不滿。中方沒有做出任何妥協，也沒有回應民眾的任何要求。運動受挫後，「港獨」在年輕人中興起，但這是因為許多年輕人意識到「一國兩制」已被打破，開始認為「港獨是唯一的選擇」。

跨越界限的同理心力量

在這篇文章中，我寫了日本的安保鬥爭，寫了日本年輕人在投身社會運動過程中所建立的聯繫，他們破碎的心靈，以及他們受強權擺布的青春。日本的社會經驗與其他社會運動有許多共同點。從雨傘運動到反送中示威，香港民眾所反抗的不平等和統治結構並未改變，更嚴厲的鎮壓已成為常態。

正如日本昔日社會運動的英雄們都生活在地獄之中一樣，從光明的公共舞台走向陽光照不到的地方，再到監獄的香港人，不知是否也有很多傷痕。傷口很深，正在侵蝕人們的心靈和社會。然而，傷口不可能永遠不癒合，也有一個因傷口而可見的世界。

二〇二四年六月，我在東京，與生活在日本的華人和從中國來日本參加研討會的華人，觀看了日本公共電視台 NHK 製作的安保鬥爭紀錄片。看來他們和我一樣，也在比較日本和香港的社會運動。幾天後，我們在新宿舉行了紀念反送中運動五周年的遊行。香港人、日本人、中國藝術家、酷兒活動人士、記者和人權律師，都戴著口罩和墨鏡參加了。我們一起對壓制言論感到憤怒，並想起那些被犧牲和傷害的人而哭泣。思考受害者和那些成為受害者的人，我覺得透過跨時代、超越界線的活動，能夠與年輕人產生共鳴，是可以創造出一些東西的。

今年九月，我們計劃在東京舉辦紀念雨傘運動十周年的研討會和圖片展。

（本文參考ＮＨＫ製作的《影像的世紀：安保鬥爭：激烈政治的季節》編寫。）

植根家園的宣言

貝爾雅／Peter Baehr

直到二〇二一年八月，貝爾雅（Peter Baehr）是香港嶺南大學社會理論研究教授，現在是美國南佛羅里達大學社會與政治思想中心的研究員，主要研究領域是專制政權的歷史與理論。

譯者：一八四一編輯部

林慕蓮：「歸家無路，亦無家可歸。」[3]

二〇一四年的「雨傘運動」，正如其他政治運動，很多時都被「運動」二字所掩蓋。這兩個字寓意著共同的意識形態下，民眾上下一心，而綱領前後一致。但雨傘運動根本不是這樣的。一方面，塞巴斯蒂安．維格（Sebastian Veg）指出其依法性和烏托邦式幻想；另一方面，羅永生則記錄了其相互競爭的抗議「框架」。郭志和陳藝強更觀察到運動領導「大台」面臨「自下而上的合法性挑戰」以及對此的反應，亦為往後的研究添上細節。[4]

以上和更多關於雨傘運動的論點，揭示了一個複雜、瞬息萬變且拼湊而成的反對派。上述研究也表示，這場運動不僅是對北京拒絕給予香港全面普選權和行政長官公民提名權的抗議。這場運動，尤其對年輕人而言，是對自己植根於香港，並決心無論發生甚麼情況都要保護這個「祖國」的肯定。從這個意義上說，雨傘運動既是保守的／保存的，又是激進的（英語中 radical 一詞亦與「根」相關）[5]。港人治港，方能保護他們生活方式中「核心價值」。

平心而論，中國共產黨從來沒有質疑過香港人根植香港的感

3 Louisa Lim, *Indelible City. Dispossession and Defiance in Hong Kong*. New York: Penguin, 2022, p. 97.

4 Sebastian Veg, "Legalistic and Utopian," in *New Left Review* 92 March-April 2015, pp. 55-73; Wing Sang Law, "The Spectrum of Frames and Disputes in the Umbrella Movement," in *Take Back our Future. An Eventful Sociology of the Hong Kong Umbrella Movement*, edited by Ching Kwan Lee and Ming Sing. Ithaca, Cornell University Press, 2015, pp. 74-99; Chi Kwok and Ngai Keung Chan, "Legitimacy and Forced Democratization in Social Movements. A Case Study of the Umbrella Movement in Hong Kong," *China Perspectives* 3 (2017), pp. 7- 16.

5 https://www.merriam-webster.com/dictionary/radical

情。為了「刨根究底」，香港的中共代理人正忙著改寫學校歷史課程，例如教導學生香港從來都不是殖民地，又禁止出版記錄香港民主運動的書籍，重新描述香港的民主運動。二〇一九年的抗議活動被視為「黑暴」[6]，並試圖通過每天向國旗敬禮步操和國安法考試，向學生灌輸一種將愛港與愛國等同起來，並徹底服從中國領導人的新型「愛國主義」。

我自二〇〇〇年至二〇二一年間在嶺南大學擔任社會理論教授，主要透過與學生交談，了解到香港人對「根」的體會。但驀然回首，我發現到一點異常，我的學生表達對家的依戀時，不會用到「根」這個字，或者至少不作主語。他們當時用了另外三個更流行的術語：「身分」、「人權」（普遍人權，有別於國家賦予其公民的偶然積極權利）和「價值觀」。然而，如果有人說「我愛我的身分」，我們會認為他是自戀狂。同樣，如果有人說「我覺得有義務維護權利」，我們會嘗試理解他，但這個說法抽象得無從入手。相較下，當人們說他熱愛自己「祖國」時，我們立即明白他的意思——祖國是他紮根的社會環境——或者當他表達對祖國的義務時，即是保護它免遭腐朽和退化，承繼、傳承，將它完好地交付予下一代。

二〇一四年九月廿八日，雨傘運動開始時，學聯在公民不合作運動宣言中呼籲，要奪回香港，為所愛的地方、所屬的地方而戰。值得注意的是，學聯並沒有敦促學生「為你的價值觀」、「身分」或者「人權」而戰，而是敦促大家為香港而戰，為這個賦予他們身分、培育出他們價值觀、為前人從英國獲得權利的社會而奮鬥。同樣，當戴耀廷等人呼籲香港人「用愛與和平佔領中環」時，他們並不是要求香港人佔領一個身分、一個虛無的觀念、或者捍衛某種價值觀，而是要求香港人佔領一個空間，並使其停擺。李靜君指出，雨傘運動期間，獅子山掛了巨大的橫幅，上面寫著「我要真普選」這句流行的口號。值得注意的是，李教授並沒有加添獅子山象徵香港的身分，儘管她這樣說也沒錯；相反，她找到了一個涵意更豐富的說法：這座山被認為是香港精神的象徵。[7]她是對的。沒有「精神」，所謂香港身分就只是一條鹹魚，一個沒有生命的空殼。

身分和人權在概念上與「根」不同，我們可以從兩個特徵區分出來。首先，人們在一生中正常會承擔多種身分（或角色）——例如已婚人士、父親或母親、學生、教授；但根源往往是單一的，一個人不可能紮根於兩個地方，儘管一個人可以擁有多本

6 https://hongkongfp.com/2023/05/03/hong-kongs-john-lee-chides-reporter-for-referring-to-2019-protests-instead- of-the-black-violence/

7 Ching Kwan Lee, *Take Back our Future* (op.cit.), p. 28, n. 9.

護照，在兩個或多個地方居住，甚至可以對當地生出好感。其次，雖然人權（與積極權利不同）被認為是常在固有而不可剝奪，但根源的概念暗示了時與地的局部性、「根」是有界限的和歷史性的。如果「普世人權」是陳腔濫調，那麼「普世根源」則是一個不可能的概念。同樣，也沒有人為了某種「價值」而犧牲自己。自由和正義等價值觀，只有透過某些具體事物時，才變得有意義，才能引發共鳴：不自由的人民、不公的世局、怵目驚心的形勢。

雨傘運動既沒有掀起一股「身分認同運動」浪潮（據我所知，抗議者從未使用過這個詞），也沒有掀起西方式的「身分政治」。相反，該運動播下了「草根行動主義」，這是一種高度本地化、以社區為導向的參與形式，旨在支持香港普通民眾的日常生活。草根這個字是有暗示性的，它暗示著某種紮根和永恆的東西，與身分不同，這種詞彙可能，亦應該，出自文化研究或社會學課本，然後逐漸融入日常語言之中。雖然「根」與「身分」不同之處，隻字片語難以言明，但絕不代表概念或者感悟上壓根不存在。正如西蒙娜．薇依（Simone Weil，1909-1943）所言：「紮根也許是人類最重要、也最不為人所知的精神需求，這是最難定義的概念之一。人類植根與否，在於他們在一個集體裡面，真實、積極和自然地參與其中，這個集體保留了過去的寶藏和對未來的盼望……每一場軍事征戰，就代表著一次的刨根掘葉，連根拔起，從這個意義上說，征服幾乎都是一種惡業。」[8]

紮根並捍衛特定地方的意識，多方面解釋了雨傘運動，乃至香港抗爭運動。值得注意的是，它解釋了人們目睹自己的家園被侵犯時所感受到的強烈憤慨。

二〇二〇年前的民意調查中，香港人多次以多數或大比數的結果，確認自己是「香港人」，有別於是「中國人」、甚至是「香港中國人」。香港人如此形容自己，並不是譴責或者貶低中國大陸人，而只是陳述一個社會事實：香港人與他們不同。但當他們看到內地旅遊業對香港生態的破壞，以及香港的熱情好客遭到濫用時，香港人明顯變得焦躁。這並不是因為他們的個人身分受到影響——他們仍然是香港人——而是因為他們身分的熔爐——香港領土——在地方政府的全力配合下，正被洗劫一空。

人們可以被兩種方法連根拔起：可以背井離鄉，成為移民、流亡者，也可以家不成家。所謂家不成家，就是不再認為現在住的地方是個家，它看起來更像是某個帶有貶義的異鄉。整個社會

8 Simone Weil, *The Need for Roots. Prelude to a Declaration of Obligations towards the Human Being* (orig. 1949). Translated by Ros Schwartz. With an Introduction and Notes by Kate Kirkpatrick. New York: Penguin, 2023, p. 13.

生態被那些說著不同語言、有著不同習俗的陌生人改造。謝曉虹在她的長篇小說《鷹頭貓與音樂箱女孩》（二〇二〇年；英譯本《Owlish》，二〇二三年）中將一座「不再被允許存在」的城市稱為「陌根地」（city of Nevers）。雨傘運動領導人黃之鋒在談到這一經歷時表示，跨境遊客無節制地湧入，使香港變成大陸人的巨型免稅店：「零售租金飆升，受歡迎的本地餐廳和家庭式小店被不知名的化妝品連鎖店和藥局取代，以吸引人民幣。更糟的是，香港成為富有的中國商人和高級官員向當局隱瞞財富的避風港，從而推高了房價。」[9]

闖港產子、過度擁擠的地鐵、巴士站長長的人龍，以及「本地人與大陸人之間在禮儀、公德心和基本衛生」的社會磨擦，都令兩者關係每況愈下。[10]

黃之鋒在二〇〇九年至二〇一〇年，從保育運動和反高鐵運動，首次對政治感興趣，其實並非巧合。[11] 在「反國教運動」中，他從一個普通中學生，一躍登上政治舞台，也不是毫無規律可言。黃之鋒和他的學民思潮夥伴們，要求時任特首梁振英撤回「德育與國民教育」課程，並非因為它侵犯了他們的人權或個人身分，而是因為課程試圖將香港學童的忠誠和感情從香港轉移到內地；或者更具體地說，將他們的祖國重新概念化為中華人民共和國的一小部分，並要接受中國共產黨實現了這個國度的一切美好事物。

「國民教育」反動之大，可見於在雨傘運動結束後不久，如雨後春筍般的本土主義和港獨組織。例如，著名的魚蛋革命發生在二〇一六年二月（農曆新年期間），各路人馬動員捍衛旺角街頭小販。同理，這些武裝份子上街並不是為了小販的身分或人權，而是為了守護木頭車小販這個香港「文化習俗」，免受警察侵犯。

紮根的反面，是花果飄零的傷痛。羅冠聰在雨傘運動期間作為學生領袖而聲名鵲起，現時流亡倫敦，他最近反思了這一放逐。對他和其他人來說，「我們稱之為家的城市」代表著「只有我們共同經歷過的傷痛和苦難」。同樣，在對香港表白過自己的「愛」後，羅補充道：「家最令我懷念的，是它的精神。這是整個社區運作的共鳴，一群言論自由的人，說著粵語的腔調……如果說從倫敦這個國際城市中，我發現了很多能讓我憶起家鄉的東

9 Joshua Wong with Jason Y. Ng, with an introduction by Ai Weiwei and a foreword by Chris Patten (2020), *Unfree Speech. The Threat to Global Democracy and Why We Must Act, Now*. London: Penguin Books, pp. 226-227.

10 As Ching Kwan Lee points out in her introductory chapter in *Take Back our Future* (op. cit.), pp. 1-33, at p. 8.

11 See Perry Anderson and Ching Kwan Lee's interview with Wong: "Scholarism on the March," *New Left Review* 92 March-April 20, pp. 43-52, at p. 44.

西，正正也是國際多元讓我覺得倫敦陌生。我所屬的香港是個本土城市，與其說多元文化交織而成的歷史使我們團結在一起，不如說我們透過共同的語言和生活經驗而團結在一起。這不是富人或外國人的香港，那是尋常人的香港，是我的群眾和我的社區，我想念他們……流亡不僅僅是一個地理概念，亦可以是我們所知道的家不再被允許存在。」[12]

或許如獨立記者關琦恩（Rhoda Kwan）所言：「如今，許多香港人面臨著一個痛苦的選擇：留下，在北京中央政權之下仰人鼻息；或者像我一樣離開，開始流亡生活。無論哪種選擇，都代表著每天揣摩著一連串無法解開的問題。現在家在何方？家還成家嗎？對一個不再存在的地方，我的愛該放在哪裡？既然我現已飄泊無根，那我是誰？無時無刻於身分拉扯撕裂，困擾著那些渴望民主和自由的香港人。寫及香港，思及香港，難免會有所感傷和反省。只有那些不用每天與傷痛糾纏，那些不用直視離散的作家，才能靜心寫下這個故事，然後繼續寫世上其他悲劇。對於身陷悲劇其中的人，這並不可行。」[13]

當香港人還有言論自由時，最常聽到的一句話就是：「我好撚鍾意香港」。我不喜歡這句話，多少有點太粗鄙，但對年輕的香港人，這種表達並不是無厘頭，亦不是語不驚人誓不休。翻譯過來，它的意思是這樣的：「我愛香港，不是因為它是一座充滿善意和幸福和諧的城市，也不是因為我在這裡生活無憂無慮，而是因為它是我的家，無論有甚麼缺點，我都會堅持下去。」讀者會注意到我這種外籍老人情懷相應的可笑代價：冗長。「我好撚鍾意香港」，香港人短短七字真言，言簡意賅，而我要用到六十多個字才能表達。

我一直強調香港人對家鄉的熱愛，身分的根源。最後，我想指出，中國共產黨對中國的依戀是截然不同。與所有極權政體一樣——乃至民主國家和傾向獨裁的專制政體——中國共產黨本質上就是偶像崇拜。它崇拜自己，也期望別人予以膜拜。相較之下，香港人對「根」的想像並不是依存某個政黨之上，包括泛民主派。相對於香港人的根，這些政黨都只是轉眼即逝，創立人都只是投機利己的政棍。人們投票給他們並不是出於愛或堅定的信念，而僅僅是出於工具性的原因，希望他們能夠「做好某件事」，甚麼事都好。但中華人民共和國只有一個政黨，已經執政了四分之三個世紀。正是這種連續性，讓中國共產黨自以為是，相信自己就是中國，就是中國的未來，是「精神與靈性的文明」，或者

12 Nathan Law (Kwun Chung Law) with Evan Fowler, *Freedom: How We Lose It and How We Fight Back*. New York: Experiment Publishing, 2021. Quotes from pp. 19, 184-185.

13 https://chinabooksreview.com/2024/03/28/brave-attempt/

更時髦地說，是「共同命運」的路標。

鑑於香港今天在中共統治下的困境，公然對抗新政權的可能性不大，也不可取。儘管如此，香港人仍然可以做些實事，即使暗地裡做，也能讓香港精神永存，就是透過任何可能的方式和任何可用的媒介，來保存香港歷史。我認為這是對中共統治一個比較「實在」的對應。歷史早有前車可鑑，幾十年來，中國大陸的所謂江蘇派史學家一直在記錄其歷史，拒絕遵循官方劇本。因此，那些本來會消失、永遠沉寂的故事和聲音得以保留下來，大部分記錄在數碼媒體中。[14]

這類非官方歷史對香港非常重要。我在本文前面引用了西蒙娜．韋爾（Simone Weil，發音為「See-mon Vay」）——政治散文家、社會評論家、哲學家、基督教神秘主義者，容我為她寫上輓聯作結。韋爾英年早逝，享年三十四歲，年紀比起雨傘運動期間香港最舉足輕重的社運人士大不了多少，當中許多人如今都身陷囹圄。她提醒過與她同時代的人，「遠離過去而只考慮未來」是一種危險的幻想，因為「未來沒有帶來東西，亦沒有甚麼可以給予；說到底，為未來付出一切，甚至豁出性命的是我們。但付出首先是要擁有，而我們除了從過去繼承、消化、吸收、重塑的體驗和修為之外，一無所有。在人類靈魂的所有需求中，沒有甚麼比過去更為重要。」[15]

14 On the remarkable work of these counter-historians, see Ian Johnson, *Sparks. China's Underground Historians and Their Battle for the Future*. New York: Oxford University Press, 2023.

15 Simone Weil, *The Need for Roots*, p. 39.

Clean HK
WTF
外國勢力。
UM

真普選
大殺傷力武器一覽
戰鬥
決心

讓民主撐起香港
Let Democracy support Hong Kong
香港
頑張れ

有多少人仍被囚禁？
Shall We Talk?
公民抗命 無畏無懼
同學！加油 WORK HARD NO WORRIES KEEP CALM and ON
我要真普選
香港民主
9.28 遮打革命 Umbrella Revolution
DEMOCRACY TREE
DEMOCRACY SOCIETY
True Democracy
DEMOCRACY ROAD
(基本)明信片號碼 3張
(額外)
唔該/多謝 +1張
加油 +1張
義工
港 加油

冷靜
下台
HK加油
我是台灣人

救香港
黑色的眼
找光明。

和平
爭不要鬆
黑夜給了我
卻用 它尋

附錄：雨傘運動日誌

2013

1/16
戴耀廷在《信報》發表〈公民抗命的最大殺傷力武器〉，提出公民抗命爭取真普選。

3/27
戴耀廷、陳健民、朱耀明發表「讓愛與和平佔領中環」信念書。

2014

6/20
和平佔中與香港大學民意研究計劃發起的 6.22 公投開始，為期十日，最終近八十萬名香港人參與，真普選聯盟的提名方案獲較高支持。

7/2
學聯及學民思潮發起於七一遊行後預演佔中，通宵佔領遮打道一段馬路，警方凌晨起清場，拘捕五百一十一人。

8/31
全國人大常委會通過「八・三一框架」，二〇一七年特首選舉維持由一千二百人的提名委員會提名，候選人門檻更由原先的獲得八分一委員提名增加至半數委員，而特首候選人規定是二至三人；另二〇一六年立法會選舉辦法沿用二〇一二年模式，即功能組別安排不變。

9/22
學聯發起一連五天「罷課不罷學」，並在香港中文大學百萬大道舉行啟動禮，大會表示全港二十五間大專院校共一萬三千人參與。

9/26
學民思潮發起中學生罷課日，晚上學聯與學民在添美道舉行香港學界罷課集會，集會結束後黃之鋒、周永康、岑敖暉等約一百名學生成功進入被政府圍封的公民廣場。

9/27
學聯與學民思潮再次在添美道發起集會，要求釋放被捕學生。

9/28
凌晨戴耀廷宣布佔領中環正式啟動。下午市民開始佔領夏慤道；五時五十八分，警方發射第一枚催淚彈，激發更多群眾湧到金鐘聲援。當日共發射了八十七枚催淚彈。除金鐘外，銅鑼灣崇光百貨外及旺角彌敦道與亞皆老街交界開始有市民佔據馬路及架設路障，成為佔領區。

10/1
尖沙咀廣東道出現佔領區。

10/3
大批反佔中者在旺角佔領區挑釁及追打集會人士，並拆帳篷和路障。同日尖沙咀佔領區被清場。

10/15
示威者一度佔據龍和道，警方驅散後，七警將公民黨成員曾健超抬至添馬公園內暗角毆打，被無綫電視新聞記者拍下過程。

10/21
學聯五名代表：周永康、岑敖暉、羅冠聰、梁麗幗、鍾耀華，與時任政務司司長林鄭月娥為首的政府代表對話，雙方各自表述，政府寸步不讓。

10—23
獅子山首現巨型標語「我要真普選」。

11—15
學聯派代表去北京向中國領導人爭取普選，但回鄉證遭註銷未能登機。

11—27
的士業團體及潮聯小巴申請禁制令，十一月二十五日執達吏開始在亞皆老街清場，防暴警察介入及拘捕示威者，至二十七日旺角佔領區全部被清場。

11—30
雙學宣布行動升級，包圍政府總部，示威者在龍和道與警方展開攻防戰；翌日下午雙學承認行動失敗。

12—3
佔中三子及其他參與佔領運動者共六十五人，前往警署自首，以體現承擔法律後果的精神。

12—11
冠忠巴士申請禁制令，十二月十一日執達吏開始在干諾道及夏愨道清場，約二百名示威者靜坐留守等待被捕，當晚金鐘佔領區被清場。

12—15
銅鑼灣佔領區被清場。

1841
一八四一

主力發行與香港相關的歷史、社會、文藝等作品，在飄零離散的時代，一八四一要在臺灣的自由空氣中，講述香港的核心價值。

香港文庫

本系列旨在彙編及整理世界各地香港人所撰成有關香港的各類重要文本，將關於香港的不同想像和敘述出版，在推廣香港研究的同時，亦希望能為下一代保留真實的香港。

《香港甚好的片刻：加山傳播專訪合輯》—— 胡戩
《驚心集：後雨傘運動香港政治評論》—— 練乙錚
《少年 May You Stay Forever Young》—— 任俠金、陳力行
《街坊眾神：世界宗教在香港》—— 韓樂憫、龔惠嫻、胡獻皿、孔德維、尹子軒
《末代港督的告解》—— 彭定康
《香港我的愛與痛》—— 顏純鈎
《國家面前無愛豆》—— 楊鎵民
《有形之手的管治：我與中共周旋三十年》—— 羅傑斯
《左右國共大局：香港第三勢力流亡錄》—— 柴宇瀚

傘後拾年：夏慤村的未圓夢

主編、攝相：張燦輝｜作者：朱耀明、陳健民、周永康、周豎峰、黃國才、楊寶熙、葉錦龍、杜嘉倫、阿古智子、貝爾雅｜責任編輯：黎國泳｜文字校對：程思月｜封面設計及內文排版：陳恩安｜出版：一八四一出版有限公司｜印刷：博客斯彩藝有限公司｜出版日期：2024 年 8 月／初版一刷｜定價：630 台幣｜ ISBN：978-626-98202-8-3（平裝）

1841
一八四一

社長：沈旭暉｜總編輯：孔德維｜出版策劃：一八四一出版有限公司｜地址：臺北市大同區民生西路 404 號 3 樓｜發行：遠足文化事業股份有限公司（讀書共和國出版集團）｜郵撥帳號：19504465 遠足文化事業股份有限公司｜電子信箱：enquiry@1841.com ｜法律顧問：華洋法律事務所／蘇文生律師

Printed in Taiwan

國家圖書館出版品預行編目（CIP）資料｜傘後拾年：夏慤村的未圓夢／張燦輝主編，朱耀明，陳健民，周永康，周豎峰，葉錦龍，杜嘉倫，黃國才，楊寶熙，阿古智子，貝爾雅作，-- 初版 . -- 臺北市：一八四一出版有限公司出版：遠足文化事業股份有限公司發行，2024.08 ｜ 228 面；20×20 公分｜ISBN 978-626-98202-8-3（平裝）｜ 1.CST：社會運動 2.CST：民主運動 3.CST：香港特別行政區｜ 541.45 ｜ 113010408